Peter Härtling
Reden und Essays zur Kinderliteratur

Je ernsthafter und entschiedener wir
diese Literatur betreiben, um so größer könnte auch
ihre Wirkung sein. Eine Wirkung gegen alle jene,
die die Kinderliteratur verächtlich kleinreden
oder ausschließlich an einen fabelhaften Absatz denken.
Seite 94

Dennoch bin ich mir nicht sicher,
ob wir, was wir für die Kinder schreibend gewannen,
nicht wieder verlieren können.
Ich wüßte keine Literaturgattung,
die so anfällig ist für Zeitströmungen,
die sich so rasch anpaßt, wie die Kinderliteratur.
Seite 43

Peter Härtling

Reden und Essays zur Kinderliteratur

Herausgegeben von Hans-Joachim Gelberg

www.beltz.de
© 2003 Beltz & Gelberg
in der Verlagsgruppe Beltz • Weinheim Basel Berlin
Alle Rechte vorbehalten
Einbandgestaltung: Philip Waechter
unter Verwendung eines Bildes von F. K. Waechter
Gesamtherstellung: Druckhaus Beltz, Hemsbach
Printed in Germany
ISBN 3 407 79866 0
1 2 3 4 5   07 06 05 04 03

Inhalt

Für mich stehen die Bücher für Kinder
absolut gleichrangig neben allen anderen Büchern,
und worauf ich immer wieder hinweise,
sie greifen auch gleiche Themen auf,
wenn auch auf andere Weise als die Romane.
»Das andere Ich«, Seite 114

Kindheit, eine unendliche Geschichte

Über Peter Härtling zum 70.

Von Anfängen, seinen eigenen wie den fremden, hat er immer
wieder berichtet und erzählt. Er ist ein Erzähler. Auch beim
Nachdenken über Bücher erzählt er:»Schreibe ich über ein
Buch, das ich liebe, dann erzähle ich von meinen Erfahrungen
mit ihm ...«[1] Stets wird daraus eine eigene, ureigene Geschichte.
Ebenso im Gedicht:»Eine blaulackierte / Tür öffnet sich: / Ich
trete ein in / Geschichten, in denen / ich mich auskenne ...«
Auch den Kindern ist er ein Erzähler. Vielleicht deshalb, weil
in Kindern die Hoffnungen des Anfangs noch einzigartig sind. Es
bedarf sicher einer besonderen Begabung, um im gleichen Atemzug für Erwachsene und für Kinder schreiben zu können; denn
ganz offensichtlich gelingt es nur wenigen Autoren, *ausdrücklich
für Kinder* einen Weg ins Erzählen zu finden. Rückblickend wird
zum Beispiel bewußt, wie sehr dies einem Erich Kästner gelun-
gen ist. Seine Werke versammeln Romane, Gedichte, Essays, Erzählungen und – Kinderromane.

Kinderliteratur ist wohl eine der jüngsten Literaturen überhaupt. Ihre Einzigartigkeit wird immer dann bewußt, wenn man
wahrnimmt, wie sehr doch jede Generation bemüht ist, ihr Eigenes *auch* ihren Kindern vor- und rückzuerzählen. Kindheit ist sicher das größte Ereignis eines jeden Lebens. Ein tiefer Brunnen!
Daraus schöpfen Autoren und Autorinnen in allen möglichen literarischen Formen. Darunter ist die sogenannte Kinderliteratur
die schwierigste – sie hat»wahr« zu sein und muß dennoch verständlich bleiben. Und Kindern gefallen soll sie auch, ein komplizierter Vorgang!

Peter Härtling erklärt aus seiner eigenen Erfahrung: Das Kind
in der Literatur und Literatur für Kinder, das seien zweierlei The-

men, die so gut wie nichts miteinander zu tun hätten. Vorsichtig fügt er hinzu: »Ein poetischer Glücksfall aber kann sie verquicken.«[2] Womit er auf »Alice im Wunderland« anspielt. – Jedenfalls ist Peter Härtling ein Glücksfall als Erzähler für Kinder. Als solcher ist er zuerst 1970 wirksam geworden; damals erschienen seine »Tagesläufe mit Kindern« unter dem Spielreimtitel »… und das ist die ganze Familie«. Tagesläufe, die den drei Härtling-Kindern Fabian (7), Friederike (5) und Clemens (4) abgelauscht sind. Aber auch das Baby (Sophie) im Bauch der Mutter ist schon mit dabei.

Mit diesen »Tagesläufen« hat Härtling etwas Neues in die wirklichkeitsnahe Kinderliteratur der 70er Jahre gebracht. Eigentlich eine Übung im kindlichen Denken für Erwachsene, ein wenig getarnt als Kinderbuch, immerhin ein Anfang. Drei Jahre später, als sein Kinderbuch »Das war der Hirbel« erschien, löste der Erzähler Härtling ein, was er zuvor in seiner Rede über die »Wirklichkeit der Kinder« (1969) forderte und was er in der Folge in weiteren Reden immer dringlicher einfordern wird: Wirklichkeit ins Erzählen zu holen, eine Sprache zu finden, die Vertrauen und Nähe schafft. Sprache als das wesentliche Ereignis der Kinderliteratur.

Als der »Hirbel« entstand, hatte Härtling bereits zwei Gedichtbände und weitere literarische Bücher veröffentlicht: »Niembsch oder Der Stillstand« (1964), »Janek – Porträt einer Erinnerung« (1966), »Das Familienfest« (1969) und die »Nachprüfungen einer Erinnerung« an die eigene Kindheit, »Zwettl« (1973). Kindheit und Anfänge im Menschenleben sollten auch weiterhin in seinem Werk immer wieder gestaltet werden. In »Eine Frau« (1974), in »Hölderlin« (1976), in »Hubert oder Die Rückkehr nach Casablanca« (1978), aber auch in »Das Windrad« (1983), auch in »Felix Guttmann« (1985) – stets sind die Kindheitsteile, die Kinderfiguren eindrucksvoll. In »Nachgetragene Liebe« (1980) findet er sich selbst als Kind, bevor es sich (er sich) auf Vatersuche begibt. Diese bewegende Lebensgeschichte hat er seinen Kindern gewidmet, die ihm schon die »Tagesläufe« und später noch andere »Läufe« für seine Kinderbücher vorgegeben haben. Ohne seine Kinder hätte Härtling vielleicht nicht für Kinder geschrieben. Er findet und erfindet, horcht in eigene und fremde Kindheit hinein und erzählt immer wieder von den Anfängen. Kinder sind große Anfänger. Dazu in »Felix Guttmann«: »Kindheiten sind, wie alle Anfänge, einander ähnlich und dennoch unvergleichbar. Das erste Glück, der erste Schreck, die erste Liebe. Zum ersten Mal eine fremde Gegend erkunden, zum ersten Mal allein in der Wohnung schlafen, zum ersten Mal einen Freund finden, zum ersten Mal die Eltern belügen, zum ersten Mal die eigene Haut spüren wie eine fremde, zum ersten Mal verreisen, zum ersten Mal eine Taste auf dem Klavier niederdrücken ...«

Härtling ist ein Chronist solcher Anfänge. Immer wieder wird er sie beschwören. In den Kinderbüchern und mehr noch, weil reflektierend, in seinen Romanen: »Ich schreibe von einem Kind, das zu Beginn des letzten Jahrhunderts aufwuchs, lese nach, was über den kleinen Robert erzählt wird, sehe Bilder an, gehe durch die Stadt, die seine Kinderstadt gewesen ist und die ihr wohl kaum mehr gleicht, simuliere Eindrücke und verleihe überlieferten Sätzen einen Tonfall, der meiner ist. Vielleicht gelingt es nur, Kinder zu beschreiben mit dem Umweg über die eigene Kindheit.« (Aus »Schumanns Schatten«, 1996)

Kinder, Familie, alte und junge Menschen, ihr Lieben, der Ablauf von Zeit und Geschichten in den Lebensläufen sind seine Themen. Ihnen kommt er in unterschiedlicher Form nach. Dabei haben Gedichte, Briefe, Essays, Interviews einen festen Platz. Rundfunkvorträge, Rezensionen, Betrachtungen und Reden sind Zeugnisse seiner kritischen, schonungslosen und doch Harmonie anstrebenden Weltsicht. Geprägt hat ihn die frühe Begegnung mit der Literatur, dies eine lebensnotwendige Begegnung. »Ich las um mein Leben, wie andere um ihr Leben laufen«, bekennt er in seiner Dankesrede anläßlich der Verleihung des Ehrendoktors der Justus-Liebig-Universität Gießen. Auch dies wird fortan klar: Das Rettende ist ihm das Weiterdichten. Daran hat er sich für sein Leben gehalten: Erzählen, um zu überleben. Härtling weiß, daß Kinderbücher eben doch anders zu schreiben sind als Literatur für Erwachsene. Sie folgen anderen Maßstäben. »Wenn ich für Kinder schreibe«, so Härtling, »muß ich auch das, was ich sonst abstrahiere, erzählen, das heißt, ich kann aus der Anschaulichkeit nie raus.«[3] Seine Kinderbücher haben alle jenen außenseiterischen Impuls gemeinsam, den er selbst erfahren hat: Im Umgang mit Erwachsenen widerfährt Kindern etwas, das sie nicht akzeptieren können, woran sie leiden.

Kurz, Literatur für Kinder hat in seinem Erzählen einen festen Platz. Bislang hat er für Kinder 16 Bücher veröffentlicht, Erzählungen, Geschichten, Romane, insgesamt immerhin fast 2000 Seiten. Das macht in seinem Gesamtwerk nicht so viel aus und ist doch ein wesentlicher Teil davon. Hinzu kommen Gedichte, ausdrücklich nicht für Kinder geschrieben, aber einige davon doch. Hier nur ein Beispiel:

Das ist eine Waage.
Sie ist groß.
Auf ihr können Kinder sitzen,
in den Waagschalen.
Dort eines, hier eines.
Das eine Kind ist schwerer,
darum springt die Waagschale mit dem leichteren hoch.
Wie kann das Kind sich schwer machen?
Es muß ganz tief einatmen.
Oder schwer träumen.
Dann ist die Waage wieder gleich.

Wer aus der Sicht des Kindes erzählt, sieht es immer im Mittelpunkt und die »Waage« im Gleichgewicht. Ist er deshalb ein Träumer? (So ließe sich jedenfalls erklären, warum diese Literatur so verdammt »gut« sein möchte.) Aber nein, wer für Kinder schreibt, erzählt nicht ins Grenzenlose. Kinder lesen anders. Ihren Wünschen und Hoffnungen zu folgen, macht eben doch den eigentlichen Unterschied. Dagegen ist Erwachsenenliteratur völlig schonungslos. In der kürzlich erschienenen, sehr beeindruckenden Schilderung einer Kindheit im sogenannten Dritten Reich, wesentlich aus der Sicht des Kindes erzählt, lautet schon der erste Satz: »Dem Kind hatte man früh ausgetrieben, die Mitte der Welt zu sein, und beigebracht, daß Nichtauffallen weniger schmerzhaft sei.«[4] In seinen Kinderbüchern behandelt Härtling das unvermeidbar Bedrückende mit äußerster Vorsicht. Erich Kästner hat dies in seinem Kindheitsbuch »Als ich ein kleiner Junge war« so interpretiert: »Nicht alles, was Kinder erleben, eignet sich dafür, daß Kinder es lesen!« Und fügt dann – fast entschuldigend – noch hinzu: »Das klingt ein bißchen merkwürdig. Doch es stimmt. Ihr dürft mir's glauben.« Das hat Kästner 1957 geschrieben. Stimmt es noch immer – nach allem, was Kinder seither erleben mußten? Oder anders gefragt: Dürfen wir Kinderschultern aufbürden, was wir selbst kaum ertragen? Dazu Härtling, in einem Werkstattgespräch mit Studenten der Pädagogischen Hochschule in Heidelberg: »Wieviel Realität kann man Kindern zumuten? Alle, alles! Ich bin hartnäckig dieser Meinung, andere sind anderer Meinung.«

»Der Hirbel ist der schlimmste von allen, sagten die Kinder im Heim. Das war nicht wahr. Doch die Kinder verstanden den Hirbel nicht.« So beginnt Härtlings erstes Kinderbuch »Das war der Hirbel«. Es erschien 1973, also vor 30 Jahren. Ich stelle es mit an den Anfang einer erneuerten Kinderliteratur. Gleichzeitig ist zu fragen, ob und wie Kinderbücher nachhaltig wirken können. Das entscheiden zuletzt die Leser für sich selbst! – Mich beeindruckte (dies ist nur ein Beispiel) die junge Frau, die mir auf der diesjährigen Leipziger Buchmesse spontan erklärte, der »Hirbel« habe auf sie als Kind so gewirkt, daß sich damit ihre spätere Berufswahl entschieden habe; heute betreut sie gestörte Kinder. Härtling, im gleichen Zusammenhang: »Anfang '70 habe ich das erste durcherzählte Kinderbuch geschrieben. Die Geschichte von Hirbel, einem behinderten Kind. Das ist eine Geschichte, die auf den Erfahrungen meiner Frau basiert, die Psychologin ist und in Heimen gearbeitet hat. (...) Ich glaube, ich wurde als Schreibender, als mich Reflektierender zum ersten Mal mit dem anderen, mit dem Leser, konfrontiert.«[5]

Aha, möchte man sagen, so verfertigen Schriftsteller ihre Romane und Geschichten: Sie lassen sich etwas zutragen, sie erinnern sich, sie suchen, finden und im Grunde erfinden sie, was dem Leser als erlesene Wirklichkeit entsteht. Peter Härtling sagt dazu in seiner Bergheimer Stadtschreiber-Rede: »Ein Schriftsteller kann sich seine Leser nicht aussuchen, aber ein Leser seine Schriftsteller. Ein Buch *findet* seine Leser erst, wenn es von ihnen gefunden wurde. Ein Buch kann Wirklichkeit behaupten, doch nur der Leser kann sie, früher oder später, bestätigen.«

Wer es erlebt hat, weiß auch, welche Wirkung der Vorleser Härtling auf seine Leser und Zuhörer hat. Ist es seine leicht angerauht tönende Stimme, sind es die Texte? Sicher wirkt alles zusammen. So entsteht jene Atmosphäre, die Nähe und Betroffenheit auslösen kann. Es ist aber auch die Nähe des Autors zu seinem Text, Betroffenheit geht auch von ihm selbst aus.

Ich habe sie nicht gezählt, Härtlings Reden, Essays, Vor- und Nachworte, Vorlesungen, Ansprachen, Aufsätze, Statements, Rezensionen und so weiter (es müssen hunderte sein), gemeinsam ist allen diesen geschriebenen und gesprochenen Worten die intensive Zuwendung an den Leser, an den Zuhörer. Und immer wieder bekennt er sich zum Kindsein, begreift die einzigartige Rolle der Kinder, findet ihre magischen Zeichen. Nicht nur in seinen Kinderbüchern, auch in seinen Gedichten:

Nachgeburt

So halt ich an,
ein Kind in einem Mann:
die falschen Worte hab ich alle schon verbraucht,
in falsche Tiefen bin ich leichtfertig getaucht,
in falsche Lieben hab ich mich verstrickt,
an falscher Hoffnung bin ich fast erstickt.
Was fang ich an,
ein Kind in einem Mann?
Ich reiß die Haut entzwei und schrei nach Leben,
ich fühle mich mir selbst zurückgegeben,
halte mich aus und geb mich hin
an das, was ich verlor und was ich bin:
das Kind in einem Mann –
wie fang ich an?

Pablo Neruda (in seinem »Buch der Fragen«) fragt: »Wo ist das Kind, das ich gewesen, wohnt es in mir oder ist es fort?«

Finden und Erfinden, das ist Härtlings ureigene Formel, seinem Schreiben und Erzählen vorausgedacht. »Jede Autobiographie ist eine phantastische Lüge«, sagt er zu seiner Kindheitssuche »Zwettl«. Und in seiner Vatersuche »Nachgetragene Liebe« beschwört er: »Ich will das Kindergedächtnis in meinem Kopf nicht festlegen. (...) Ich bin es gewesen, ich bin es, wenn ich schreibe, und bin es nicht.« Seinem Roman »Herzwand« (1980) stellt er als Präambel einen Gedanken von Antoine de Rivarol voraus: »Die Erinnerung steht immer dem Herzen zu Diensten.« Das erklärt alles.

In »Der Wanderer« (1988) findet Härtling, ohne ihn erfinden zu müssen, den »Selbstdenker« Seume und ebenso die heimatlosen Wanderer unserer Zeit, die er gesucht oder denen er begegnet ist. (Er selbst fühlt sich ihnen zugehörig.) In Jerusalem trifft er den Lyriker und Essayisten Werner Kraft, holt ihn aus dem Vergessenwerden und läßt ihn sprechen:»Im Grund sind wir ja noch gar nicht erwachsen und haben mit unseren ratlosen, bösen Spielen schon so viel verdorben, daß der Welt bang ist.« Auch seine eigene nachkriegserlebte Verlorenheit schildert Härtling, so die Begegnung mit dem rätselhaften Schwarzhändler, den er viele Jahre später in seinem Kinderbuch »Reise gegen den Wind« (2000) als den fabelhaften Herrn Maier darstellt – aus dem Blickwinkel des Kindes, das er selbst einmal war.

Der Blickwinkel des Kindes! Das ist oftmals ein schmerzhafter Vorgang. Die kinderzählte Geschichte ist eben doch die andere Geschichte. Pokko, das autistische Kind im Fluchtroman »Das Windrad« und der verstörte Hirbel sind in gleicher Weise erinnert, aber sie sind verschieden dargestellt.

Seine Kindheit hat ihn nie verlassen. Härtlings Kriegs- und Nachkriegskindheit, der Kriegstod des Vaters in der Gefangenschaft, der Tod der Mutter, die sich das Leben nahm, als er dreizehn war, sein Alleinsein:»Dieses sehr starke Ausgesetztsein hat vermutlich dazu geführt, daß die Jugenderfahrungen sich immer wieder nach vorne drängten, weil es Urerfahrungen sind. Die Suche nach Menschen, die Suche nach Halt, die Suche nach Liebe, gravierende Verluste, Tod: Das kriege ich sicher nicht mehr aus dem Kopf.«[6]

Ein Jahr vor dem Abitur verläßt Peter Härtling die Schule:»Ich verließ den vorgeschriebenen Weg, wehrte mich, ein Siebzehnjähriger, dem die Eltern fehlten, gegen die Erwachsenen und bestand darauf, beweglicher, wissender und an Träumen reicher zu sein als die Spießer, die mich zu zähmen versuchten.«[7] Was sollte nun aus ihm werden? Im Grunde war er schon unterwegs – in seinen Gedichten. Seine Wanderung – davon hat er in seinen Büchern berichtet – begann zum Kriegsende im mährischen Olmütz, damals war er zwölf, mit der Flucht nach Zwettl (Niederösterreich). Danach das schwäbische Nürtingen, das ihm schließlich eine Sprachheimat wurde. Viele seiner Bücher haben hier ihre Wurzeln. Er erinnert: »Als ich aus dem Güterwaggon, der zufällig in Nürtingen abgekoppelt worden war, die Alb sah, las ich die Urschrift meiner Landschaft. Und von diesem Augen-Blick an war es ohne Belang, ob mich die Stadt ganz aufnehmen würde. Sie tat es nicht. Ich mußte ohne die wärmende Enge des Anfangs auskommen, mußte mich durchsetzen, wehren. (...) Die Sprache half mir. Ich lernte den Dialekt, das Schwäbische. Ich lernte Sprache neu. (...) Ich kämpfte mit Wörtern, die mich schlau und kräftig werden ließen. – Ich war zum ersten Mal daheim ...«[8]

Erinnern heißt, verschlossene Türen öffnen und dem Geheimnis näher kommen. Härtling ist all die verschlungenen Wege in seine Kindheit zurückgewandert und hat sich damit zugleich vorwärts bewegt, wohl auch in jenem namenlosen Zustand, den er im »Wanderer« in Anlehnung an Schuberts »Winterreise« so beschreibt: »Wir wandern nicht mehr, um anzukommen, wir sind unterwegs in einer frostigen, auskühlenden Welt. Wir wissen viel, nur was uns verloren geht, merken wir gar nicht. Dennoch wünschen wir, anzukommen.«

Jede Erinnerung hat ihr eigenes Maß. In diesem Jahr wird Peter Härtling 70. Und gleichzeitig erscheinen seine »Erinnerungen«, wohl ein Buch der Begegnungen, mit dem wunderbaren Titel »Leben lernen«. In einem Werkstattgespräch sagt er vorausgreifend, doch keineswegs schon in den »Greisenjahren«: »Es gibt eine Lieblingsfigur in den Kinderbüchern, und das ist kein Kind, das ist der alte John. Den lieb ich besonders, und ich hoffe, daß ich – wenn ich in die Greisenjahre komme – ein bißchen von dem habe, was der alte John hat, die Kindlichkeit, auch ein Stück Weisheit, Frechheit, Frische, das wünsche ich mir.«[9]

Nachfolgend sammeln sich in diesem Band (nahezu) alle Reden und Essays Peter Härtlings zum Thema Kinderliteratur. Oft angefragt, hat er sich als Erzähler, als Literat, als Referent mit dem Thema »Kind und Literatur« bzw. »Kinderleben in unserer Gesellschaft« auseinandergesetzt. In seinen Beiträgen ist spürbar, wie sehr er den Dialog mit Kindern sucht. Von Anfang an ist er einer, der lernen will. Auch von Kindern. Behutsam forscht er, was Kinder denken, sagen, wünschen. Dies, ohne je davon abzulassen, das Eigene zu erzählen.

Hans-Joachim Gelberg

Quellennachweis

1 Peter Härtling, Zueignung. Über Schriftsteller, Erinnerungen an Dichter und Bücher, Stuttgart 1985.

2 Peter Härtling, Vorbemerkung in: Helft den Büchern, helft den Kindern! Über Kinder und Literatur, hrsg. von Peter Härtling, München 1985.

3 Zitiert aus Gespräch mit Peter Härtling, in: Deutschunterricht, Verlag Volk und Wissen, Berlin 1991.

4 Hans-Georg Behr, Fast eine Kindheit, Frankfurt a. M. 2002.

5 Zitiert aus: Die schnelle Verwandlung der Väter, Werkgespräch mit Reinhold Jaretzky, veröffentlicht in: Sammlung, 4. Jahrbuch für antifaschistische Literatur und Kunst, Frankfurt 1981.

6 Zitiert aus: Der Bürger ist sensibel geworden, Werkgespräch mit Joachim Schmidt u. Hans Weissgerber, in: Lutherische Monatshefte. Sept. 1983.

7 Peter Härtling, Gießener Rede am 25. 1. 2001, gehalten zur »Verleihung des Titels eines Ehrendoktors der Philosophie der Justus-Liebig-Universität Gießen«.

8 Zitiert aus: Peter Härtling, Über Heimat, Verlag der Buchhandlung Aigner, Ludwigsburg 1982.

9 Zitiert aus: Wir Dichter brauchen eure Phantasie! Werkgespräch mit Hannelore Daubert in: Peter Härtling für Kinder, Sonderheft Der Bunte Hund, hrsg. von Hans-Joachim Gelberg, Weinheim 1989.

Die Wirklichkeit der Kinder

Mein ältester Sohn fängt eben an zu lesen. Er buchstabiert. Die Buchstaben versammeln sich langsam zu Wörtern, deren Sinn er oft staunend nachholt. Die Wörter umfassen Dinge, die er kennt. Sie werden durch die Wörter abstrakt. Mit angestrengten Fingern schreibt er, und das, was er schreibt, ist weit entfernt von dem, was ihm vertraut ist. Er schreibt, doch er beschreibt noch nicht. Freilich wissen er, seine Geschwister und seine gleichaltrigen Freunde ungleich mehr, als die Handvoll Wörter, die in der Fibel unter bunten Figuren stehen, es vorgeben möchten. Tagsüber ist er auf der Straße. Die Kinder erzählen sich, was sie sehen, was sie hören, von ihresgleichen und von den Erwachsenen. Sie sitzen vorm Fernsehapparat. Sie sehen Bilder an. Und manchmal passiert es, daß sie Bilder sehen, die sie erschrecken. Keine fröhlichen Kinderstunden, Verharmlosungen einer Welt, die nicht harmlos ist, sondern Aufnahmen von Krieg, von Verkehrsunfällen, Bränden und Überschwemmungen. Sie sehen Tote. Mein Sohn fragte mich, einen toten Soldaten betrachtend: »Wird er wieder aufstehen, wie der Schauspieler, der der König gewesen ist?« Ich sagte ihm: »Nein.« Er zögerte einen Augenblick, fragte dann: »Was macht man mit ihm?« Ich sagte: »Man begräbt ihn.« Und seine letzte Frage lautete: »Er wird die Augen nie wieder aufmachen?« Ich sagte: »Nein.« Ich fragte mich, was er denke. Er schwieg, trollte sich und spielte dann lärmend vorm Haus. In der Nacht wachte er schreiend auf. Das Foto hatte ihn gequält. Die Frage hatte nicht aufgehört, und die Antworten, die ich ihm gegeben hatte, hatten nicht genügt. Am nächsten Tag unterhielten wir uns über den Krieg. Ich erzählte ihm, daß ich als Kind im Krieg gewesen sei und auch Leute sterben gesehen hätte. Er hörte atemlos zu. Ich erzählte ihm von der Flucht, von der großen Wüstenei und Heimatlosigkeit, von Zügen, in die Menschen gepfercht waren, Kinder und Frauen, von den Soldaten, die in langen Kolonnen in die Gefangenschaft gingen; von anderen Soldaten, die uns Kindern Brot gaben. Er suchte nach Fragen. Es war schwierig für ihn. Und die einzige Frage, die er stellen konnte, war einfach und ist immer wiederholbar. »Warum macht man das?«

Ich war nicht imstande, es ihm zu erklären.

In den letzten Wochen habe ich ihm aus Jan Procházkas »Es lebe die Republik« vorgelesen und hinzugefügt, mir sei es ähnlich ergangen wie Olin. Grauen und Wirklichkeit wurden deutlich für ihn, aber auch, daß es selbst in derartigen Zeiten Aufgaben, merkwürdige Bindungen gibt, die über das Unheil hinausreichen: So, wie Olin auf sein Pferd aufpassen muß. Mein Sohn ist sechs Jahre alt. Das Buch ist nicht für Sechsjährige, sagt man. Ich habe mit acht Jahren Ibsens »Nora« gelesen, ein ruchloser und von niemandem gehinderter Leser. Die Bibliothek meiner Eltern stand mir offen. Ibsen war zuviel für mich. Ich verstand nichts und doch alles: Die Gefährlichkeit und Gefährdung menschlicher Beziehungen konnte ich ahnen. Das genügte mir. Ich führte ein Gespräch mit meiner Mutter wie mein Sohn mit mir, und ich fürchte, daß auch mein Sohn wissender war, als es mir schien.

Es gibt eine Literatur für Kinder, deren Verlogenheit kränkend ist. Die Welt wird verschönt, verkleinert, bekommt Wohnstubengröße. In ihr geschieht nichts Unzuträgliches, und wenn, dann springt immer ein Held aus der Ecke, das Kind zu schützen. Man kann Kinder nicht schützen. So nicht. Ein Kind geht unverhohlen und durchaus vertrauensvoll mit der Wirklichkeit um, aber das Mißtrauen ist ihm mitgegeben. Ich könnte hier viele Theorien über das Kind und die Realität anführen und zitieren. Von Psychologen und Soziologen, von Freud und Bernfeld, Pestalozzi und Maria Montessori. Ich könnte hier auf Heimexperimente verweisen, auf schulische Versuche oder gar die Kinderläden. Ich stelle mich dumm. Ich stelle mich auch in der Erziehung meiner Kinder wissentlich dumm, frage mit ihnen; denn sie überrumpeln einen und wissen es oft besser. Mein dreijähriger Sohn kennt ungleich mehr Autofabrikate als ich. Von wem er das gelernt hat, weiß ich nicht. Als ich meinem sechsjährigen Sohn und seiner kleineren Schwester erklärte, wie die Kinder im Bauch ihrer Mutter wachsen, ehe sie zur Welt kommen, betrachtete er mich aufmerksam und erwiderte dann: »Das ist klar. Das ist wie bei den Tieren.« Ich sagte: »Wie bei den Säugetieren.« Er sagte: »Ja, die Vögel legen Eier.«

Wir redeten eine Weile darüber. Ich war zufrieden in meinem aufklärerischen Eifer, auch mit seinen Kenntnissen, da überraschte er mich mit dem Einwand: »Warum kriegst du eigentlich keine Kinder?« Die Sicherheit wurde mir so geraubt. Ich mußte von vorn anfangen. Von vorn? Wünscht nicht jede Kinderfrage, daß die Antwort ganz am Anfang beginnt?

Wie ich mit Kinderbüchern, mit Jugendbüchern umgehe? Das ist einfach: Wenn sie gut sind, dann akzeptiere ich sie als Literatur, und das genügt mir. Es genügt merkwürdigerweise auch den Kindern. Bei Bilderbüchern ist es schwieriger. Ich bin kein Freund der aufwendigen Kunstbilderbücher, die einen in ihrer Farbigkeit, in ihrer formalen Gewandtheit hinreißen können. Damit können Kinder nicht viel anfangen. (...) Sobald die Welt in Schönheit abstrahiert wird, verliert das Kind die Lust, weiterzublättern, während die Eltern sich an den kleinen Kunstwerken freuen.

Ich plädiere für eine übersetzbare Wirklichkeit. Sie kann alles umfassen. Spiel, Leben und auch Tod. Zuhause und Krieg. Güte und Gemeinheit. Es kann Helden geben, meinethalben, doch sie sollen die Wirklichkeit nicht ruinieren durch ihren Wahn. Sie sollen in ihr bleiben. Man soll den Kindern klarmachen, was Geschichte ist, was früher war, was heute anders ist. Man soll den

Kindern vorführen, was Erinnerung bedeutet. Man soll dies alles wörtlich machen. Dann begreifen sie auch, was Sprache ist.

Ich war unlängst mit meinen Kindern in einer alten Ruine. Sie tobten herum. Ich erklärte ihnen, hier habe vor langer Zeit ein König gewohnt, sagte auch, welcher. Das berührte sie nicht. Die Einteilung der Räume war noch erkennbar. Ich sagte ganz willkürlich, hier war die Küche, worauf eine junge Dame, die auf der Steinmauer saß, korrigierte, dies sei das Schlafzimmer gewesen. In dem Gemäuer, in dem das Schlafzimmer gewesen sein soll, befand sich in der Mitte eine steinerne Erhöhung. Der Jüngste, der Dreijährige, wurde aufmerksam: »Ist das das Bett von dem König gewesen?«

»Es könnte sein«, erwiderte ich. Er musterte das Bett und fragte: »Wie groß war ein König?« Ich sagte: »Wahrscheinlich nicht größer als ich.« Er sagte: »Das Bett ist größer. Der König war größer.« Ich sagte: »Mein Bett ist auch größer als ich.« Er sagte: »Aber Könige sind immer größer.« Auf der Rückfahrt hielt ich einen weitschweifigen Vortrag über die mangelnde Größe von manchen Königen, bemerkte jedoch, daß ich mit meinen Einwänden nicht durchdrang. Ich war an eine Grenze geraten, an die Grenze, die von den Märchen gezogen wird. Die Geschichte half mir nicht weiter, und ich kapitulierte. Vielleicht sind Könige eine Zeitlang doch größer.

Die kindliche Argumentation ist vertrackt. Wir helfen dazu. Wir lesen gedankenlos Märchen vor und führen die Kinder in eine zweite Welt, die, herrlich aus den Fugen, von der Phantasie regiert wird. In der zwar das Böse herrschen kann, doch die Größe nie meßbar ist. Die Grenzenlosigkeit wird zum Element der Wirklichkeit. Mitunter frage ich mich, warum wir so beginnen. Warum das Kind so, vor allem anderen, Realität und Phantasie durcheinanderbringen muß. Ist es ein Glück, ein Unglück? Es gibt Pädagogen, die sich dem widersetzen, die das Märchen verdrängen, wie auch die religiösen Verallgemeinerungen. Ich bin vorsichtiger. Gewiß könnte sich ein Kind in den Gespinsten von Schutzengel-Wahn und Rotkäppchen-Sicherheit verfangen, in einer Phantasie, die der Wirklichkeit immer mehr enträt; aber das geschieht selten. Die Realitätswut, die Gier, Dinge in die Hand zu bekommen, anzufassen, zu riechen, zu schmecken, ist bei einem Kind ungemein stark. Es ist in einem schönen Sinn vulgär. Es trotzt von selber dem Druck des Phantastischen. Es flüchtet sich immer wieder ins Faßbare, ins Beherrschbare.

Eine autoritäre Erziehung hat lange Jahre eine autoritäre Literatur geschaffen. Hoch klang das Lied vom braven Kind. Es gab nicht nur den Professor Unrat; es gab auch den Schüler Unrat. Generationen von Eltern halfen mit, seelische und geistige Krüppel ins Leben zu schicken, gelehrige Untertanen, die gelernt hatten, nicht aufzumucken: dem Vater gegenüber nicht, dem Lehrer, dem Staat gegenüber nicht. Die kleinen Abenteuer waren gestattet; das große Aufbegehren nicht. Alles geschah im Rahmen eines Selbstverständnisses, das sich Höherem unterordnete. Es ist schwer, dem Kind beizubringen, daß sich Wirklichkeit und Freiheit unaufhörlich verbünden. Und daß dieses Bündnis ärgerlich und bedrohlich sein kann. Daß man prüfen muß. Daß man es lernen muß. Jemand erzählte mir, ein Schriftsteller wolle beschreiben, was Frieden ist. Er will das ganz einfach vorführen, indem er sagt, Frieden ist, wenn man sich zum Frühstück setzen kann, ohne daß …, wenn man sich rasieren kann, ohne daß …, wenn man spazierengehen kann, ohne daß …, wenn man zu Bett gehen kann, ohne daß … Ohne daß Bomben fallen, daß man in den Keller muß, daß Soldaten ins Haus kommen, daß der Vater weggeholt wird, daß der Vater stirbt, daß die Mutter Angst hat. Ohne das.

Ich versuche, einfach zu sprechen über einen schwierigen Gegenstand. Ich bin kein Wissenschaftler. Ich bin Schriftsteller. Ich gehe mit Sprache um. Von Kindern kann der Schriftsteller lernen, was Sprache ist. Ich habe zugehört, wie meine Kinder Sprache lernten; sprechen lernten. Wie mit dem Sprechen die Erin-

21

nerung in sie einschoß. Wie zu den Worten das Gedächtnis kam. Wie Wörter für sie bestimmte, überaus subjektive Bedeutung erhielten. Wenn sie Haus sagen, meinen sie ihr Haus, denken sie an ihr Haus, bewohnen sie ihr Haus. Sie bewohnen mit dem Wort Haus die Wirklichkeit Haus. Sie übersetzen also ihre Wirklichkeit und realisieren dadurch die Phantasie des Autors. Diese Übersetzungen hat der Schriftsteller nicht in der Hand. Der Schriftsteller für Kinder sollte das nie vergessen. Er sollte sich allerdings auch nicht einschüchtern lassen und vereinfachen, im Vereinfachen verdummen. Er sollte die ganze Fülle seiner Erinnerung ausspielen, unabhängig davon, ob sie stets übersetzbar ist. Isaac Bashevis Singers oder Scott O'Dells Phantasie ist nicht ohne weiteres übertragbar. Was weiß ein Kind in diesem Land von den Juden, die vor 80 Jahren im Osten gelebt haben, von ihren Bräuchen, ihrem Glauben? Nichts. Es weiß auch nicht, daß dieses Volk umgebracht wurde. Ich habe es meinem Sohn gesagt. Er konnte es sich nicht vorstellen. (…) Seine Vorstellungsgabe reichte nicht aus. Die Strenge, die Übergröße der Väter war ihm undenkbar. Ich habe eine Seminararbeit über Singer gelesen, über seine Kindergeschichten, in der mit beträchtlicher Heftigkeit gegen die repressiven Strukturen der Geschichten gewettert wird. Die Überlegungen des Studenten führen so weit, daß er den Juden Singer einen Faschisten nennt. Das ist Torheit, die mit Literatur so umgeht, als sei sie eine Dauervorlage für Politologen und Soziologen. Sie kann durchaus der Gegenstand dieser Wissenschaften sein, aber sie ist auch Literatur, und das Bild, das sich solche Theoretiker vom Kinde machen, ist so falsch wie das, was sie von der Literatur haben.

Hier bin ich bei dem Thema, das ich stets in die Poesie einspiele als deren Aufgabe, als deren Erfahrung: Literatur übt von sich aus notwendigerweise Widerstand. Das erwogene Wort, nicht das in der Unterhaltung hingesprochene, sondern das geschriebene, gedachte, ist widerständisch. Seine Erinnerung reagiert vielfältig auf das, was es benennt. Es ist eine persönliche Erinnerung und ebenso eine allgemeine. Ich denke mir aus, was ich meinen Kindern von dieser Reise erzählen werde, was ich hier geredet habe und worüber. Sie sollen es wissen. Ich werde ihnen ungefähr das sagen:

»Manchmal, ihr wißt es, schreibe ich Geschichten auf. Das sind Geschichten, in denen ich sagen will, was ich weiß, woran ich denke, was ich erlebt habe. Ich erfinde Leute und lasse sie sprechen, handeln. Darum hat man mich gefragt, ob ich darüber reden will, wie ihr zuhört, wenn ich Geschichten anderer Schreiber vorlese. Ob ihr sie mögt oder nicht mögt. Ich habe davon gesprochen, was Worte sind. Der Fabian lernt lesen, und er sieht jetzt die Worte, die er spricht, er kann sogar ein paar schon schreiben. Wenn ich ihn frage, was er denkt, wenn ich »Wiese« sage, oder »Arbeit«, oder »Schlaf«, dann beschreibt er mir das in ein paar Sätzen, oder vielleicht in einer Geschichte. Das ist dann seine Geschichte von dem Wort, das eigentlich, wenn man es sagt, noch nicht viel bedeutet. Aber das Wort sammelt um sich herum das, was wir Wirklichkeit nennen. Das ist euer Tag. Meiner auch. Diese Wirklichkeit ist mitunter anders, als man sie haben will. Sie bringt einen in Wut. Dann sind auch die Wörter, die nicht zornig waren, zornig. Dann reiben sich die Wörter an der Wirklichkeit. Dann wollen die Wörter die Wirklichkeit umwandeln. Davon habe ich, neben anderem, gesprochen.«

Meinen Sie nicht, ich wollte vereinfachen. Ich möchte nur fortführen von einer Kinderliteratur, die das Kindische bevorzugt. Mich stören Metaphern, die in Märchenglanz ertrinken, die allen Tand der Irrealität mitschleppen und den Irrationalismus intendieren. Was daraus an Erwartungen, an Fehlhaltungen entstehen kann, wissen wir. Die süßen Lieder und Gebete, die heute noch an Gitterbetten gelispelt werden, muten den Kindern zu, aus der Wirklichkeit zu fliehen. Sie dürfen sich auf Engel, auf Feen verlassen, als hätten sie nicht andere Helfer.

Ich renne offene Türen ein. Tue ich es wirklich? Herrscht nicht noch immer die Meinung vor, dem Kind müßte eine Welt vorgegaukelt werden, die heil und von guten Geistern bewacht ist. Da gibt es keine Flugzeuge, keine Autos, sondern Zwerge, allenfalls Mainzelmännchen und Sandmänner, da gibt es keine Kriege, sondern den guten Hirten und seine Schafe. Am Morgen, auf dem Schulweg, sind die Autos wieder da, und dem guten Hirten mangelt's an Kraft.

Sätze sollen es sein, die man mitreden kann, in die man hineindenken kann. Die Kinder von heute sind vielen Wirklichkeiten ausgesetzt. Den alltäglichen und all jenen, die täglich hineinspielen: die der Stadt, die der Illustrierten, die des Fernsehens. Manchmal werden Versuche unternommen, Neunjährige oder Zehnjährige ihre Umwelt beschreiben zu lassen. Ich kenne Kindergedichte, die mit ungewöhnlicher Inständigkeit einen Erfahrungsausschnitt wiedergeben. Ich erinnere mich an eines, das mir ein Bekannter 1947 vorgelesen hat. Seine Tochter hatte geschrieben: »Mein Vater hat eine Wurst nach Hause gebracht. Wir sparen sie auf. Mein Vater sagt, das ist ein großes Glück.« Ich habe dieses Gedicht als einen Teil meiner Wirklichkeit nicht vergessen können. Mein Sohn könnte es nicht schreiben. Was ich für meinen Sohn schreiben könnte, würde ungefähr lauten: »Manchmal muß ich um acht und manchmal später in die Schule. Ich trinke am Morgen nicht gern Kakao. Meine Mama fährt mich und Jens zur Schule. Herr Schimpf ist mein Lehrer. Gestern haben wir EL-LI geschrieben und Äpfel zusammengerechnet. Ich mache meine Aufgaben nicht gleich nach dem Essen, obwohl es meine Mama wünscht. Ich spiele erst. Wir spielen Krieg. Der Jan ist stärker als ich. Der Marc ist gleichstark wie ich. Die Friederike hat mir Popkorn weggenommen. Mir wackelt ein Zahn. Mein Papa kommt nach Hause und schimpft, weil der Clemens an die Wand gemalt hat. Ich bitte ihn, er soll mir vorlesen, aber er sagt, ich bin müde. Mein Papa erzählt meiner Mama von Männern, mir denen er

Mittag gegessen hat. Wir haben heute Rosenkohl gegessen. Der Clemens ist hingefallen. Ich frage die Mama, warum es so früh dunkel wird. Die Mama sagt, es ist Winter. Sie sagt, die Sonne hat sich verschoben. Es ist auch kalt. Ich habe meinen Anorak zerrissen. Ich gehe gern schlafen. Vor dem Schlafengehen male ich ein Bild. Gestern habe ich ein Bild gemalt von der Mama, von mir und von Clemens. Die Friederike habe ich vergessen. Ich möchte Daktari im Fernsehen sehen. Mama sagt, das kommt erst am Samstag. Papa schaltet das Fernsehen aus. Er sagt, irgendwo ist wieder Krieg. Papa hat mir vom Krieg erzählt. Wenn jemand stirbt, ist er tot. Tote Leute werden begraben wie die Großmutter. Sie können nicht mehr atmen und machen die Augen nicht mehr auf. Sie können auch nicht mehr denken, sagt der Papa. Sie können dann gar nichts mehr. Am Abend esse ich oft Brei. Ich mag ihn nicht.«

Das ist, ich gebe es zu, nicht austauschbar. Es könnte darüber stehen: »Fabian Härtling, sechs Jahre alt.« Es ist eine Tagesbeschreibung. Warum werden solche Tagesbeschreibungen nicht versucht? Die Literatur der Kinder ist auch die Wirklichkeit der Kinder. Die Wirklichkeit von 1969 ist nicht die von 1900, in der sich die Literatur für Kinder häufig bewegt. Nicht, daß ich dem Wort den Traum rauben wollte, der uns alle treibt, der die Sprache reicher macht und Figuren belebt. Das Wort braucht die Unruhe, die ständige Revolte und auch jenen Streifen Glück, der es zum Atmen bringt. Alle Auszählreime der Welt verkürzen sich auf die Formel: »Ich bin, du bist.« Doch was hinzukommt, die unerhörte Beschreibung des Bin, des Seins, sollte sich nie und nimmer verringern am Anfang einer literarischen Erfahrung, von der wir leben werden, die uns bestimmt.

1969

Fünf Überlegungen beim Schreiben von Kinderbüchern

1

Du darfst dich als Autor nicht verraten. Du darfst dich nicht niederbeugen, nicht klein machen.

2

Lerne einfache Sätze schreiben. Das heißt aber nicht: kindische. Mute deiner Sprache, wie auch sonst, alles zu, denke aber daran, daß du deinen Lesern, den Sieben- bis Vierzehnjährigen keine Unverständlichkeiten zumutest. Du willst sie erreichen, du willst, daß sie mit deiner Hilfe zur Literatur finden.

3

Es heißt so einfach: Der Mensch ist ein soziales Wesen. Du kannst davon erzählen. Du kannst deine Kritik, deine Wut, deine Hoffnung anschaulich machen in Geschichten und deine Leser – ohne den didaktischen Finger zu heben – provozieren zum Nachdenken, zum Mitdenken und vielleicht auch zum Handeln.

4

Fast alle deine Leser reiben sich an den offenen, fragenden Themen deiner Erzählungen. Offenbar neigt jeder dazu, zu harmonisieren, sich ein Happy-End zu wünschen. Schreib so spannend, so beteiligt, daß das Fragezeichen am Ende anregt zum Weiterdenken.

5

Beschreibe Wirklichkeiten – aber so, daß sie die Phantasie nicht lähmen, den Traum nicht ausschließen. Hilf den Kindern nicht, mit der Literatur aus der Wirklichkeit zu fliehen. Hilf ihnen, ihre Welt zu verstehen, zu durchschauen, zu bezweifeln, zu befragen und, wenn es nötig ist, anzugreifen. Hilf ihnen in ihrer Liebe, in ihrem Zorn, beim Lachen und beim Weinen. Wer seine Gefühle aussprechen kann, ist schon weiter.

1976

Über die Schwierigkeiten und das Vergnügen beim Schreiben für Kinder

Die Zahl der Kindesmißhandlungen, las ich, als ich meine Rede vorbereitete, nehme rapide zu. Und die Zahl der Kinder nimmt in den meisten mitteleuropäischen Ländern ab. Es scheint, als seien wir nicht mehr imstande, Anfänge zu ertragen und zu fördern, als hätten wir es aufgegeben, der Zukunft zu trauen.

Der jugendliche Mensch, der auf seine Unabhängigkeit bedacht ist und in seinen Bindungen wechselt, ist zum Idol der Verbrauchergesellschaft geworden. Kinder und Alte hingegen verlangen soziale Aufmerksamkeit, Pflege, Verpflichtung – das ist einer modischen Asozialität schon zuviel. Allenfalls nähme man Zeitkinder in Kauf, die man nach Lust und Laune abholen und abliefern könnte. Zärtlichkeit verschwenden die krisenbewußten Erwachsenen nur noch untereinander. Das Kind stört in der fatal falsch verstandenen Selbstbefreiung von Frauen und Männern. Die Familie – häufig genug mißbraucht als Zelle restaurativer Ideologie – wird nun in ihrer Funktion, ihrem Sinn angezweifelt. Sie enge ein, mache dumm, zeige sich einer beweglichen Gesellschaft nicht gewachsen. Das sind egoistische Vorwände. Wieso den Konsum teilen? Wieso sich mindestens für ein halbes Leben verpflichten? Wieso sich auf die Folgen einer Gemeinsamkeit einstellen, die auf Widerruf eingegangen wurde? Ich weiß, mein Zorn läßt mich übertreiben. Doch ich denke an Kinder und unter welchen Umständen viele aufwachsen: schon empfangen als Störenfriede und hernach auf Wohlverhalten dressiert. Die Generation der heute Dreißigjährigen, der jungen Väter und Mütter, kennt nur den Frieden, der freilich stets bedroht ist – eine vom Wohlstand gepolsterte Friedlosigkeit. Sie folgte, ohne Zeit zum Nachdenken, den Parolen eines geradezu rasenden Verbraucher-

Egoismus, und die Werbung suggerierte ihr, daß allein Jugend den Aufstieg garantiere. Sie hat allen diesen Versprechungen, die sich in schönen Bildern gleichsam bestätigen, getraut. Als dann fragwürdig wurde, was bis in alle Ewigkeit haltbar schien, brachen manche aus, zum Erstaunen und Entsetzen der Älteren, die sich nun wunderten über die Heftigkeit, die Verzweiflung, die Brutalität dieser Rebellion. Die Eltern dieser Rebellen hatten sich in der Tat nach dem Frieden gesehnt, sie haben ihn sich auch nach ihrer Vorstellung geschaffen, aber sie haben ihn so gut wie nie erklärt, seine Notwendigkeit und seine Anfälligkeit; die Furcht und die Zerstörung, aus der er entstand. Sie holten atemlos nach. Die Früchte ihrer Anstrengung fielen den Kindern erst einmal in den Schoß. Wie konnten sie, so verstrickt in die Mehrung des Wohlstands, sich verständlich machen?

Als die Kinder dann den Besitz als selbstverständlich hinnahmen, als sie, über alles verfügend, von »Gewalt gegen die Sachen« zu reden begannen und auch jene verhöhnten, die den Grund ihrer Wut verstanden, als die Gewalt sich schließlich gegen den Menschen richtete, als die Nachrichten über Kriege und Guerilla wieder die Zeitungen füllten, reagierte diese bewegliche Gesellschaft zwar rhetorisch voller Abscheu, merkantil jedoch höchst durchtrieben: In den Spielwarenläden stapelte sich wieder kleines Kriegsgerät: Panzer und Raketen, Schlachtschiffe zum Selberbauen; und in Büchern und Zeitschriften wird der tapfere Hartmann vom Himmel geholt oder graben sich Landser ein, um auf den ewigen Feind zu warten. Wie, frage ich, sollen die Jungen mit der geschäftstüchtigen Verlogenheit ihrer Väter zurechtkommen?

Die Moden wechseln, die Kinder müssen es büßen. Es ist noch nicht lange her, da hat man unser Jahrhundert in einem zweiten Anlauf zu einem des Kindes machen wollen. Viele Eltern lasen mit Eifer die Schriften der großen Kinderfreunde unserer Zeit, studierten Anna Freud und Piaget, Bernfeld und Rühle. Antiautoritäre Erziehung war nicht nur ein Schlagwort. Man gab sich

Mühe zu Hause, in den Kindergärten, den Schulen. Es war nützlich, auch wenn Dogmatiker manche Anstrengung vorzeitig verdarben. Und jetzt? Jetzt ist in der Phase der Selbstentdeckung von Mann und Frau vom Kind kaum mehr die Rede …

Zugegeben: Ich verallgemeinere. Doch aus diesen Erfahrungen, an denen ich mich reibe, schreibe ich Kinderbücher. Ich tue es, wie gesagt, mit Vergnügen ebenso wie mit List und Zorn.

Einige der bereits angedeuteten thematischen Beweggründe will ich genauer erklären:

Es bestand, bis vor wenigen Jahren, in der Kinderliteratur eine Tendenz, Realität auszusparen, zu beschönigen, Härten zu harmonisieren, Unglück zu bagatellisieren oder in einem guten Ende aufgehen zu lassen. Hier wurde eine aus dem 19. Jahrhundert kommende Tradition fortgesetzt: Kinder als kleine Erwachsene, mit einem trivialen Gefühlsleben versehen, fest eingespannt in das Schema von oben und unten, gut und böse, arm und reich.

Ein Spyri-Mädchen wurde, derart vorbereitet, zur Courths-Mahler-Frau. Gefühle verkümmern zu Platitüden. Wer, so lesend, Wirklichkeit lernt, wird nicht nur irregeführt, sondern wehrlos gemacht. Wenn einer mit Hilfe der Literatur fliehen will, sollte er eine Welt finden, die seine Phantasie aufstört und ihn die Realität dennoch nicht vergessen läßt. Die große phantastische Literatur hat immer utopische Züge: sie setzt die Welt, aus Trauer über ihre Unvollkommenheit, neu zusammen. Was heißt für Kinder Wirklichkeit? Sie werden ja von ihr nicht geschont, auch wenn es die Eltern mitunter meinen. Die enge und weitere Umgebung wird von den Kindern in Bruchstücken wahrgenommen, aufgenommen. Sie sehen aus einer anderen Perspektive als die Großen. Sie haben kaum die Fähigkeit, sich zu schützen, auszulesen. Alles trifft sie unmittelbar, unerklärt. Also bedeutet es für den, der Wirklichkeit für Kinder zu beschreiben versucht, diesen Blickwinkel ernst zu nehmen. Er darf sich nicht klein machen, sondern muß die Bruchstücke zu Bildern, zu verständlichen Bildern zusammenfügen. Er muß überdimensional erscheinende Handlungen faßbar machen. Er muß das, was aus falscher Rücksicht ausgespart wird, in die Geschichte hereinholen. Nur so kann dem lesenden Kind beigebracht werden, wie es mit seiner Umgebung umgehen, wie es sich wehren, wie es zustimmen, wie es agieren und reagieren kann. Voraussetzung ist eine stets begreifbare Anschaulichkeit. Der Begriff, den wir von einer Sache haben, muß zur durchaus spannenden Szene werden. Die Sprache darf deshalb nicht abstrahieren; sie sollte sich auch nie kindisch machen.

In nicht wenigen Kinderbüchern werden die Leser durch ein läppisches Diminutivdenken verhöhnt. Eine Art von Zwergenphilosophie rumort da in Autorenköpfen. So werden Kinder beleidigt. Kindliche Leser sollen sich engagieren – freilich nicht für irgendeine Partei, irgendeine Ideologie, sondern sie sollen Recht und Unrecht erkennen, sie sollen beim Lesen lachen und weinen, zornig sein und sanft, dafür reden und dagegen. Das geschieht am ehesten, wenn sie ihre Gefühle einer oder einigen Figuren anvertrauen, wenn sie sich identifizieren. Auf der Fährte solcher anziehenden Gestalten und mit einer Sprache, die das Schwierige nicht vereinfacht, können sie auch an die Ränder unserer Wirklichkeit geführt werden, in die Verlassenheit, die Armut, die wortlose Verzweiflung.

Über die Liebe wird derzeit debattiert wie über Hochleistungssport. Die Kinder sehen auf Illustriertenfotos die üppigen, makellosen Produkte einer den Konsum ebenfalls vorantreibenden Sexualtechnologie. In Zeitschriften werden sie unterrichtet über reibungslose, folgenlose Partnerschaft. Schmerz, Zweifel, Leidenschaft, Melancholie sind ausgeschlossen. Kürzlich hörte ich einen Zehnjährigen lakonisch über einen Klassenkameraden urteilen: Der ist ja impotent. Das entsetzliche Leistungsdenken schießt in einem naiven Kürzel zusammen: Ist diese von den Dreißig- bis Vierzigjährigen perfekt eingerichtete Hölle – in der es ein Finanzmanagement ebenso gibt wie ein Sexualmanagement, in der das zynische Prinzip *hire and fire* im Geschäft wie in der Liebe gilt –, ist diese Hölle die Zukunft unserer Kinder? Dagegen ist anzuschreiben. Von Wärme soll erzählt werden, von der Nähe des anderen, auch von Hilflosigkeit, die Hilfe erhofft; von Umarmungen, die Glück ausdrücken oder Unglück lindern. Es sollte versucht werden, mit Sprache einen Raum zu schaffen, in dem ein Kind sich wärmen kann, und Zärtlichkeit mitzuteilen, ohne sich lächerlich zu machen. Daß der Mensch des Menschen Wolf sei, wird den Kindern nicht allein in Wort und Bild eingehämmert; es wird ihnen vorgelebt. Folter und Mord ziehen ihre blutige Spur auf dem Bildschirm. Die Schwellen, die unser Leben schützen, sind niedrig geworden. Freiheiten einschränkende Gesetze helfen da, meine ich, nicht. Wir, die wir schreiben, können in Erzählungen Leben ausbreiten, seine Fülle, seine Hoffnungen, seine Unversehrbarkeit. Wir können die Empfindlichkeit gegen das Grausame wecken, wir können, beinahe schon Prediger einer besseren Wirklichkeit, ohne alles Pathos, Beispiele von Brüderlichkeit, von Nachbarschaft, von Mut für das Leben erzählen. Wir sollten, schreibend, die Furcht vor dem jeweils anderen abbauen und die Macht der Ohnmächtigen Wort für Wort buchstabieren. Wer vom anderen nichts weiß, achtet ihn nicht und schlägt ungehemmter zu. Blinde Wut sieht nichts und niemand.

Noch fehlen zwei Elemente, die Kindheit und Literatur verbinden und verbünden: Unruhe und Neugier. Nein, die Bücher, die ich meine, sollen nicht beschwichtigen, sie sollen beunruhigen und wecken. Neugierig sollen sie machen auf Menschen und Dinge, auf das Unbekannte im Bekannten, sogar auf das Unmögliche. Bücher können zu neuen Gedanken herausfordern. Denk weiter, rede weiter, erzähl weiter. Trau deiner Phantasie, aber lasse sie die Wirklichkeit nicht vergessen: das sind Leitlinien, auf denen Sätze für Kinder geschrieben werden können. Und dies alles nicht ohne Witz, Vergnügen, Liebe, Anschauung und Erfahrung,

Genauigkeit, Leidenschaft, Vernunft. Und das in einer Sprache, die Empfindungen nicht verkleinert. Denn die Freiheit, die so häufig und so verlogen gerühmt wird, beginnt mit dem ersten Blick, der ersten Geste, der ersten Zuwendung, dem ersten Wort, dem ersten Gedanken. Da kann sie schon verloren sein.

1977

Für Korczak

Ich bin sicher, Janusz Korczak hätte an ihm sein Vergnügen gehabt. Nicht, weil der zwölfjährige Bub aus dem »König Hänschen« vorlas, sondern weil er so auftrat, als sei er Korczaks pädagogischer Phantasie entsprungen. Eine Tortur lag hinter ihm: Er hatte vorgelesen in der Schule, in der Stadt, im Kreis, im Land, war stets als Bester gefeiert worden, ein Paradepferdchen des »Zwanzigsten Vorlesewettbewerbs«, und nun stritt er mit den »Landessiegern« um den »Bundespreis«, stellte sich in einem schönen, lichten Gartensaal, aus dem man aufs Frankfurter Goethehaus schauen kann, einer Jury, die – hellhörig – werten und entscheiden mußte. Er gewann. Er überzeugte durch sich selbst, überrumpelte alle mit seiner Arglosigkeit, seiner heiteren Neugier und einer ans Herz rührenden Selbstversunkenheit. Er hatte sich nicht dressieren lassen, war der Prozedur gewachsen.

Als er, nach dem Vorlesen, gefragt wurde, ob er wisse, wer denn Janusz Korczak gewesen sei, traf er mit zwei zögernd formulierten Sätzen das Publikum. Ja, antwortete er, Korczak habe Bücher geschrieben, aber vor allem sei er Arzt gewesen, der für jüdische Waisenkinder in Warschau ein Waisenhaus gebaut habe. Als die Kinder in ein Konzentrationslager gebracht wurden, sei er, obwohl das nicht von ihm verlangt wurde, mit ihnen gegangen, und er sei mit ihnen ermordet worden.

Der Junge sagte: Korczak habe ein Waisenhaus *gebaut,* und fand so, voller kindlicher Teilnahme, eine Formel für das Handeln dieses großen pädagogischen Einzelgängers. Er baute tatsächlich Nester, Zufluchtshöhlen, Traumhütten, Wolkenkuckucksheime und wärmte sie alle mit seiner Zuversicht und seinem Wirklichkeitssinn auf. Er, der Menschenfänger und Menschenhüter, sammelte die verwahrlosten, elternlosen Streuner auf den Straßen Warschaus ein und hütete sie, ohne sie einengen, über sie bestimmen zu wollen. Sein Konzept war die Offenheit des Lebens: er betrachtete es als einen Entwurf, an dem jeder einzelne ohne Zwang, doch ernsthaft arbeiten sollte.

Ich weiß nicht, ob Korczak, der sich der Unmenschlichkeit opferte, um ihr im Namen seiner Kinder zu entgegnen, nicht doch noch zu verlieren droht. Unsere Zeit gibt gedankenlos preis, was er mühevoll errang. Er hat mit den Kindern aufbegehrt, »diesem revoltierenden Stamm, (…) der nicht weiß, was er mit der kürzlich gewonnenen Freiheit anfangen soll«. Bis zu seinem Ende schrieb er an ihrer, der Kinder Unabhängigkeitserklärung. Sie liest sich einfacher und anders als alle vergleichbaren und doch nie von uns erfüllten Deklarationen. Sie meint eine Würde, die Fehler und Mängel einschließt, eine Offenheit, die nicht von Leistungswahn und Anpassungszwang gepreßt wird, eine Liebe, die sich nicht für ausschließlich hält, eine Nähe, die auch den Abstand kennt. Sie hält fest an einem Anfang, in dem sich alles entscheidet: Leben und Zusammenleben.

Kehrte er wieder, dieser rigorose Kinderfreund, holte er von neuem die Aufgegebenen zu sich, redete, schriebe und eiferte er wie einst – er würde, ich zweifle nicht daran, bei uns und anderswo auf heftigen Widerstand stoßen. Denn er wäre ja nicht nur ein Denker, er wäre ein ganz und gar unbelehrbarer Täter. Wie damals zöge er aus seinem Handeln seine Lehren. Ein Gefährlicher, eine sokratische Natur. Sein Zorn wäre übermächtig. Was bekäme er denn zu sehen? Kinder, die Wohlverhalten, Anpassung, Prestigedenken üben, die von klein auf ihren Besitzstand wahren und mehren müssen; Kinder, die von Armut verkrüppelt werden und an ihr zugrunde gehen; Kinder, denen Vorurteile und Haß in die Köpfe gebrüllt werden und die sich mit der Waffe in der Hand gegen andere Kinder wenden; Kinder mit Uniformen am Leib und mit Dogmen im Kopf.

Die Erwachsenen, Korczaks mögliche Schüler, haben den Sieg über seine Lehre davongetragen. Sie feiern ihn in großen Reden und betrügen ihn mit jedem Satz. Wie klagte er? »Die Kinder bekommen fast keine Luft in diesem brutalen, kalten, künstlichen Leben, das ohne jegliche Illusion und Poesie ist.« Das ist so wahr wie vor vierzig Jahren. Nur wird heute versierter mit den Surrogaten von Poesie und Illusion gehandelt. Selbst mit den Surrogaten von Natur, worauf Korczak noch nicht kommen konnte. Die Erfolge sind beträchtlich. Man beginnt an die Formeln des gemeinsamen Überlebens zu glauben, und die Brutalität rundum bekommt ein Polster. Die Kinder aber bleiben auf der Strecke. Sie belasten den Wohlstand oder offenbaren die Armut.

»Ein Rosenkranz des Unrechts – wo ist sein Anfang?« fragte sich Korczak. Er gab sich, tätig, die Antwort. Sie ist radikal und für uns schwer zu ertragen. Der Mensch kommt mit reinen Gaben und ungekrümmt zur Welt. Nun soll er sich früh krümmen, um ein Häkchen zu werden. Da die größeren Haken sich nur Häkchen vorstellen können. Welcher Anstrengung bedarf es für ein Häkchen, aufrecht zu stehen. Oder, im Sinne Korczaks zusammengefaßt: In dem Sprichwort drückt sich die Erfahrung des Menschen gegen die Idee vom Menschlichen aus. Zynisch wendet sich die Praxis gegen die Gesinnung. Korczak rannte gegen das an, was sich als Lebenserfahrung ausgibt und nichts ist als ein Vorwand für Unterdrückung. Natürlich lernten seine Kinder auch. Doch sie lernten nicht die Gewalt. Sie lernten die Kraft und den Schutz. Sie lernten nicht zuerst die Strafe, sondern in der Gemeinsamkeit das Abwägen von Recht und Unrecht. Sie lernten nicht Vorteil und Nachteil, sondern teilen. Sie lernten nicht Haß und Neid, sondern Zuneigung und Hilfe. Das sind Begriffe, die in Sonntagsreden unaufhörlich erscheinen. Korczak hat sie *erprobt*. Auf eine solche Probe käme es an.

Ich möchte, um Korczak nicht allein zu lassen und auch um mich selbst zu ermutigen, die Sätze und das Wissen des jungen

Vorlesers durch einen Hinweis ergänzen. Wie Korczak, der mit seinen Kindern in die Gaskammern von Treblinka zog, nahm auch eine unbekannte Frau diesen hilfreichen und tödlichen Dienst auf sich. Ottla, Franz Kafkas Schwester, begleitete freiwillig einen Kinderzug von Theresienstadt nach Auschwitz und starb mit ihren Schützlingen. Sie steht für manchen Namenlosen, der, wie sie, wußte, daß man den Arglosen nie, und sei es vorm Ende, die Hoffnung auf den aufrechten Gang rauben darf.

1979

Anfänge

Rede für Astrid Lindgren

Anfänge von Reden haben es in sich, vor allem von Reden auf eine Person. Mit dem ersten Satz kann man schon alles verschenken, er kann, rühmend, alles vorwegnehmen, was doch im einzelnen ausgebreitet werden soll. In diesem Falle fällt es mir besonders schwer, denn Astrid Lindgren habe ich nicht schon als Kind, wie es sein sollte, zu lesen begonnen, sondern erst als Vierzigjähriger. Ich habe also die Lektüre, nicht zuletzt um meiner Kinder willen, nachgeholt, und meine Leseerfahrungen gleichen keineswegs denen meiner dreizehnjährigen Tochter Sophie – die mir allerdings das Stichwort für einen Anfang gab, der ganz unmittelbar ist, bar jeder Anstrengung und Metaphorik. Sie bat mich nämlich, Astrid Lindgren auszurichten, daß sie eben »Ronja« gelesen habe und sie für ganz toll halte – gewiß, das ist kein qualifiziertes Urteil, sondern der Ausruf, nein: Zuruf lesender Zuneigung, doch er hilft mir über die Schwelle, und nun kann ich so beginnen, wie ich es vorhatte und wie es mir beim ersten Versuch nicht gelang: In den autobiographischen Prosastücken, die Astrid Lindgren unter dem melancholischen Titel »Das entschwundene Land« bündelte, fand ich einen unscheinbaren, nebenhin gesprochenen Satz, der mir das Geheimnis ihres Schreibens verriet. Sie erzählt von ihren Eltern, überaus anschaulich und herzlich, stürzt schreibend zurück in das entschwundene Land und möchte sich seiner Wirklichkeit versichern, indem sie aus den Liebesbriefen zitiert, die Hanna und Samuel August wechselten. Da hält sie inne, schaut von den alten Papieren hoch und denkt an ihre Leser. Dabei gelingt es ihr, einen Satz zu schreiben, der einem verständnisvollen Lächeln gleicht: »Wer anderer Leute Liebesbriefe nicht lesen mag, kann ja ein paar Abschnitte überspringen.« Ich habe nicht ein Wort übersprungen. Aber darum geht es nicht. Auch nicht um eine vordergründige Diskretion. Dieser durchaus überraschende Ratschlag erklärt so einleuchtend, wie es keine theoretische Ausschweifung könnte, weshalb Astrid Lindgren ihren Lesern nah ist. Sie schreibt nicht selbstvergessen vor sich hin, sie erzählt für sie, achtet auf sie, wie es eigentlich nur Erzählern möglich ist, die ihre Zuhörer vor sich haben, in deren Augen blicken, auf deren Emotionen reagieren – ob sie teilnehmen, ob sie verlorengehen. Es ist ein Erzählen, das ohne Antwort nicht auskommen möchte, eine ganz und gar dialogische Kunst. Ich spreche, um angesprochen zu werden, ich teile euch meine Geschichte mit, um sie mit euch zu teilen.

Das entspricht, ich weiß es, nicht unbedingt den Vorstellungen einer Literaturtheorie, die das erzählte Ich hätschelt und heiligt, seine monadische Existenz für den wesentlichen Ausdruck der Poesie hält. Die urteilt rigoros. Nein, sie urteilt nicht, sie verurteilt, und es gelingt ihr auch ohne Mühe, die Literatur zu teilen in eine kleine und in eine große. In eine für Kleine und in eine für Große. Was für ein Irrtum wird hier festgeschrieben, und welche Arroganz macht sich da breit. Genauer gesagt: Was wird da unterschlagen, vergessen, damit Sätze stimmen. Und stimmen sie denn wirklich? Haben sie nicht ihren Grund, ihre Herkunft verloren, leiden sie nicht, ohne es wahrhaben zu wollen, an Gedächtnisschwund? Ich fürchte es, und das macht mich wütend.

Die Literatur muß sich nicht bücken und krümmen, muß nicht lispeln und labern, um Kinder zu erreichen. Sie muß sich nicht klein machen. Es sei denn, sie habe vergessen, wie groß und schutzlos die Gefühle von Kindern sind: Angst und Hoffnung, Liebe und Verzweiflung, Glück und Hingabe. Wir meinen sie zu kennen und auszukosten und muten sie den Kindern allenfalls im Diminutiv zu. Im Gegenteil. Die Kinder erfahren alle diese Emotionen übergroß, ohne Schutz, weil sie sie nicht, wie wir, an Erfahrungen messen und relativieren können. Die erste

Angst ist mit keiner vergleichbar, ebensowenig die erste Liebe: Sie spannt zum erstenmal die Haut, drückt zum erstenmal aufs Herz, raubt zum erstenmal den Atem. Nichts schützt, keine Erinnerung, kein Vergleich.

Wer das nicht mehr weiß und nicht ernst nimmt, mag meinethalben perfekte Gedichte, formal vertrackte Romane schreiben, doch auf den Grund des Erzählens gelangt er nicht.

Nein, ich bin in meinem Zorn über die Teilung der Literatur in große und kleine nicht abgeschweift, denn der liebevolle Einwurf Astrid Lindgrens hat mit ihm zu tun: Eben weil sie den unerhörten Aufbruch der Gefühle kennt, ihr Wachsen und ihr oft schreckliches Verwachsen, unterbricht sie sich und warnt jene, die nicht geübt, die aus eigener Unsicherheit scheu sind, am Liebesgespräch anderer teilzunehmen. Mit einer einzigen Bemerkung hütet sie, was den meisten von uns verlorenging.

Diesen Respekt vor den Anfängen habe ich erst wieder lernen müssen. Ich hatte ihn mir über Jahre eher hochmütig ausgetrieben und wäre nie darauf gekommen, daß er ursächlich zur Literatur gehören könne. Bis ich, durch meine Kinder und durch die Lektüre einer tatsächlich kindischen, lispelnden Kinderliteratur wütend und verwirrt, eines Bessern belehrt wurde, mich fragte, weshalb so viele, die für Kinder schreiben, sie mit Zwergen, mit Gnomen verwechseln. Und in ihnen nicht ihre eigenen Anfänge wiederentdecken, alle diese Wunder, die wir nicht auszuhalten vermögen und deshalb verdrängen.

Also geriet ich auch verspätet an die Bücher von Astrid Lindgren und kann auf sie nicht so unmittelbar antworten wie Sophie. Das bedaure ich. Mit solchen Geschichten sollte man aufwachsen. Nachholen kann man sie nicht, da man ihnen besserwisserisch ins Wort fällt, fallen muß. Mich zum Beispiel konnte Pippi Langstrumpf nicht mehr einfangen und in ihre Villa Kunterbunt schleppen. Für Mädchen, die Pferde in die Luft stemmen, habe ich, der allzu vielen Kraftprotzen im Laufe seines Lebens über den Weg lief, nicht viel übrig. Auch Sophie gelang es nicht, mich für die Pippi zu gewinnen, was sie allerdings nicht mit ausdauerndem Eifern versuchte, denn ich konnte sie mit meiner Liebe zu Karlsson und den Kindern von Bullerbü überzeugen. Da braucht's die Muskelspiele nicht, erklärte ich ihr und spürte erschreckt den Lese-Abstand, den Puffer der Kritik, den Verlust von Unbefangenheit.

Das ist nicht zu ändern. Astrid Lindgren weiß es wie ich. Aber wissen sollten wir es wenigstens und es uns nicht ausreden. Und in einem haben wir ja ständig eine Chance: mit den Anfängen so behutsam und schonend umzugehen, als wären es unsere eigenen, die wir, schreibend, nur wiederholen können in anderen.

Läßt das unsere Zeit denn überhaupt noch zu? Diese Epoche, die ihre Kinder einer gewalttätigen Friedlosigkeit aussetzt und ihnen mit unbeschreibbaren Waffen die Zukunft zu rauben droht. Ist die Zärtlichkeit, die wir noch aufbringen und die uns zusammentreibt, nicht die von Todgeweihten? Haben wir, nachdem wir jahrzehntelang die Schule der Rivalität, der Aggression, der Bedrohung absolvierten, den Frieden und die Zuversicht ins Leben nicht verlernt? Ich wehre mich dagegen, wie Astrid Lindgren auch: Wir, die wir das Glück und die Verletzbarkeit des Anfangs rühmen – sollten wir nicht, gegen Zweifel und Ohnmacht, dennoch immer wieder anfangen bei den Anfängen. Ich denke an die große Rede, mit der sich Astrid Lindgren für den Friedenspreis des Deutschen Buchhandels bedankte. Zum Schluß erzählte sie die Geschichte eines Jungen, der von seiner aufgebrachten Mutter in den Garten geschickt wird, um eine Rute zu suchen, mit der sie ihn strafen könne. Er bleibt lange draußen, bringt schließlich keine Rute, sondern einen Stein, mit dem sie nach ihm werfen könne. Sie tut es nicht. Beschämt und glücklich zugleich nimmt sie den kleinen Jungen in die Arme. »Dann«, heißt es, »legte sie den Stein auf ein Bord in der Küche, und dort blieb er liegen als ständige Mahnung an das

Versprechen, das sie sich in dieser Stunde selber gegeben hatte: NIEMALS GEWALT.«

Legen wir den Stein, jeder von uns, sichtbar für andere, so wie es uns Astrid Lindgren lehrt.

Es ist der Anfang, den wir meinen.

1983

Keine Ausflüchte, keine Fluchten

Zusammen mit meinen Kindern, und erst einmal ihnen zuliebe, habe ich Kinderbücher zu lesen begonnen. Ich geriet, verblüfft und zornig, in eine Welt, der es ganz und gar an Wirklichkeit mangelte, in der Konflikte, wenn sie überhaupt auftraten, verharmlost wurden, in der die Mehrzahl der Kinder rätselhafterweise in Internaten lebte, in der Mädchen, wenn sie etwas auf sich hielten, ein Pferd oder wenigstens ein Pony besaßen, eine Welt, die im Grunde Kinder ausschloß, in der auf Kindergröße geschrumpfte Erwachsene ihr Unwesen trieben. Erzählt wurde dies alles entweder in einer scheinpoetischen, antiquierten Sprache oder in einer Art Lausbuben-Dada. Wie, fragte ich mich, sollten Kinder durch diese Bücher die Welt und sich selber erfahren, durch Bücher, die sie, genaugenommen, nicht ernst nehmen.

Mein Zorn schlug sich nieder in einer Rede, mit der ich »Die Wirklichkeit der Kinder« zu erkunden versuchte. Das wiederum konnte ich gar nicht ohne die Hilfe von Kindern, von meinen Kindern. Mit einemmal, und verspätet, hörte ich auf sie, auf ihre Erzählungen, auf ihre Sprache. Ich lernte von ihnen, entdeckte, nicht ohne zu erschrecken, mit welcher Mühe und mit welcher List sie sich in einer Umgebung zurechtfinden müssen, die nicht für sie gedacht ist, sondern tatsächlich für die »Großen«. Ich begriff aber ebenso, daß wir die Gefühle, die wir Erwachsenen für groß halten, mit den Kindern teilen; nur daß die Kinder sie sich noch nicht erklären können; daß sie sie haben, aber noch nicht reflektieren und oft geradezu überfallen werden von Liebe und Angst, Erwartung und Glück. Schon daß sie aufschauen müssen zu Eltern, zu Lehrern und allmählich auf deren Augenhöhe wachsen, ist ein Prozeß, den anschaulich zu beschreiben eine Herausforderung bedeutet.

Das ist inzwischen vielfach geschehen. Die Literatur hat vor allem im letzten Jahrzehnt die Kinder ernst genommen. Sie redet nicht mehr auf sie ein, sie redet mit ihnen. Sie sucht nach Sätzen, die ihnen leben, denken, empfinden helfen. Und sie hat an Selbstbewußtsein gewonnen, schämt sich nicht mehr, eine »kleine Literatur« für Kleine zu sein. Sie ist, mit den Kindern, über dieses Vorurteil hinausgewachsen. Dennoch bin ich mir nicht sicher, ob wir, was wir für die Kinder schreibend gewannen, nicht wieder verlieren können. Ich wüßte keine Literaturgattung, die so anfällig ist für Zeitströmungen, die sich so rasch anpaßt, wie die Kinderliteratur. Trotzköpfchen regt sich, nicht bloß auf dem Fernsehschirm. Aufklärung ist weniger gewünscht als Beschwichtigung. Die schönen, genauen, hilfreichen Sätze weichen auf. Die Phantasie, der wir uns anvertrauen können, verkümmert zur Fäntäsie. Die Fluchtbewegungen sind unverkennbar.

Ich wehre mich gegen sie. Denn ich möchte nicht, daß Kinder wieder aus der Geschichte fallen, wie ich es 1945 erlebte. Ich möchte, daß sie Geschichte erfahren, sich an ihr beteiligen, sich an ihr reiben, daß sie, wenn es nötig ist, sich ihr widersetzen und sie vorantreiben. In letzter Zeit ist viel über die Geschichtslosigkeit geklagt worden. Ich habe sie immer schon beklagt.

Doch diese öffentliche Weheklage scheint mir eher ein Selbstbetrug zu sein. Man meint, wenn ich mich nicht täusche, eine Geschichte, die wiederum das vergißt und verdrängt, was schmerzt, und das fortschreibt und aufnimmt, was dem politischen Augenblick nützt. Die Geschichte läßt sich zwar von Opportunisten mißbrauchen, sie zahlt es ihnen aber auch heim. Und dann nicht nur ihnen, sondern uns allen. Wir wissen es, wir müßten es doch gelernt haben.

Ich erinnere mich noch, wie uns jungen Leuten in den frühen Fünfzigern Zivilcourage und Bürgersinn gepredigt wurden.

Doch wir zogen es vor, satt zu werden und uns behaglich einzurichten. Heute, grau geworden, kommen nun manche von uns auf diesen demokratischen Predigttext zurück und werden eines Besseren belehrt: Wir sollten uns gefälligst zivil verhalten, Courage sei fürs Gemeinwesen nur lästig.

Verzeihen Sie diese Abschweifung. Sie hat mit dem zu tun, was für mich wesentlich zur Literatur gehört: Die erzählende Einsicht in Geschichte und die Courage, notfalls an ihr und unter ihr zu leiden. Nur so, unter diesen Voraussetzungen, kann ich mit Kindern leben, kann ich sie lieben, möchte ich für sie schreiben. (…)

1983

Helft den Kindern, helft den Büchern!

Die frühe Begegnung mit Literatur

(...) Erwarten Sie (...) keine Nachdenklichkeiten über gelungene Sätze und mißlungene Verse. Ich möchte über Kinder sprechen, über Anfänge – Anfänge im Leben und im Lesen. Und wer das heute tut, den erfüllen Erbitterung und auch Trauer. Der trifft auf Ignoranz, Beschönigung und eine Sozialrhetorik, die nicht unbedingt hilft, sondern eher, ungewollt, einschränkt, vergißt und die nach ihrem Verständnis selektiert. Das hört sich hart und unversöhnlich an. Es ist es nicht. 1985 will die UNESCO ein »Jahr der Jugendlichen« ausrufen, wie sie es vor einiger Zeit bereits für die Kinder getan hat: An das »Jahr des Kindes« erinnere ich mich wohl. Wie sich damals alle, die sich von Amts wegen angesprochen fühlten, zum kleinen Menschen niederneigten, ihn begütigend tätschelten und schon im Weggehen vergaßen, um sich wieder ihren täglichen Egoismen zu widmen, strampelnde Mitglieder einer schlaff werdenden, sich im Selbstbetrug verstrickenden Verbrauchergesellschaft. Am Ende begaben sie sich in die Loge, aus der man zum Beispiel Kriege betrachtet wie Theaterstücke. Am ersten Tag des Jahres, das dem Kind gewidmet war – ich habe es mir aufgeschrieben –, sah ich ausgemergelte Kinderkörper auf dem Fernsehschirm: »Boatpeople«, Flüchtlinge aus Vietnam, Kinder, die kaum Aussicht hatten, irgendwo Fuß zu fassen, Zukunft zu erwarten, die blind und stumm waren von Hunger, von den Erfahrungen der Gewalt. Das kennen wir: Unüberschaubare Kinderzüge, fliehend, ohne Heim und Eltern, wandern durch unser Jahrhundert, das, nach Ellen Key, ein »Jahrhundert des Kindes« werden sollte, nach einem Zeitalter der Kinderausbeutung und der Prügelstrafe.

Ach, wir Schönredner, wir verbalen Schlächter! Nichts hat sich gebessert. Die Sieger oder die Besiegten zählen ihre Helden, errichten Denkmäler, in die die Namen der Kämpfer gemeißelt werden. Die Namen der geschlachteten Kinder zeichnet man nicht. Sie waren noch nicht reif zum Kampf, zum Lebenskampf. Selbst hier wiederholt sich zynisch unsere Erwachsenenideologie. Nein, es ist noch nicht genug. Dort, wo der Krieg die Kinder nicht umbringt, wo keine Seuchen oder Hungersnöte kleine Leichen häufen, wo ein friedloser Frieden herrscht und der Wohlstand uns umtreibt, auch dort werden Kinder geopfert. Durch Gleichgültigkeit, Hilflosigkeit und Gewalt. Die Zahl der von ihren Eltern zu Tode geprügelten Kinder nimmt zu. Auch sie Opfer auf einem Schlachtfeld – dem des Leistungsdenkens. Wer nicht mithalten kann, schlägt um sich. Und die Schwächsten sind die ersten, die, mitunter entzückend aufgeputzt, dem Goldenen Kalb geopfert werden.

Es ist noch nicht genug! Wir sehen zu, wie Kinder in Lagern dahinvegetieren, wie man sie in Uniformen steckt und an der Waffe drillt; wir hören zu, wie Erwachsene kindliche Köpfe mit verbrecherischen Phrasen und Vorurteilen veröden und verderben; wir erfinden eine Werbung für unsere Kinder, die ihnen Freiheiten nimmt und Nasen vergoldet, wir treiben sie in den Schulstreß und sitzen ihnen, von allen guten Geistern verlassen und dem Prestige ergeben, im Nacken; wir wundern uns über die jugendlichen Wohlstandskrüppel, die vierzehnjährigen Alkoholiker und Rauschgiftsüchtigen, wir meditieren tiefsinnig in illustrierten Blättern über die Aussteiger, die Ausgeflippten, die Arbeitslosen, wir füllen die U-Bahnhöfe, die Wartesäle, die Krankenhäuser mit dem Müll unserer leistungskräftigen Gedankenlosigkeit – unseren Kindern. Sie säumen den Weg unseres Erfolgs. Sie säumen auch die Holzwege unserer Theorie und unserer emanzipatorischen Gestikulation.

Wir wissen viel, können, gefragt und ungefragt, Bettelheim, Bernfeld, Charlotte Bühler, Rühle, Hoernle, Piaget zitieren, wir haben über frühkindliche Nöte gelesen und über die Schwierigkeiten der Jugend; aber als es darauf ankam, haben wir uns von Kinderfragen losgezahlt, das Taschengeld erhöht, haben unsere Erschöpfungen, unsere Sprach- und Lieblosigkeit gegen sie ausgespielt, haben sie allein gelassen mit ihrer Musik, ihren Kurzzeitträumen, ihrer Sprache. Oder als die Frauen anfingen, sich selber zu finden, sich aus den überkommenen Rollenzwängen zu lösen, als man über eine neu gewonnene Zärtlichkeit tremolierte, schloß man wiederum die Kinder aus, vergaß sie sogar, streichelte sich gegenseitig, wenn schon, die gilbe Weiber- oder Männerhaut, aber nicht die, die das Streicheln braucht wie den Wind, wie das Wasser, wie die Luft. Die Kinder spielen in der emanzipatorischen Literatur die Rolle von verschwiegenen Bälgern oder Zieraffen, so wie in dem Satz, den ich unlängst in einer Zeitung las: Auch Lesben haben jetzt Kinder. Na und? ist da nur zurückzufragen. Weshalb nicht? Bloß: Sind die Kinder Ausweis? Und wozu? Haben die Kinder Lesben, oder haben sie Mütter?

Ich kann nicht über Rezepte reden. Ich würde mich mit Begriffen wie Wärme, Nähe, Gespräch, Zärtlichkeit, Liebe, Zuhause lächerlich machen. Aber es bleiben die einzigen Wörter, die das umschreiben, was wir dahingegeben haben, um voranzukommen. Manche haben es erkannt, haben Auffangstationen gebaut, Fluchtlöcher gegraben, provisorische Rede- und Wärmestuben, sind zu ungewünschten Ersatzeltern geworden. Ich spreche von Sozialarbeitern, Sozialhelfern, freiwilligen und beamteten, die ich immer wieder treffe, die fluchend auf verlorenen Posten stehen, von Hilfesuchenden beinahe umgerannt werden, die aushalten und wenigstens noch ihre Müdigkeiten, ihren Zorn mitteilen, die reden, reden, reden, um der gepflegten Sprachlosigkeit zu entgegnen. Vor ihnen habe ich Respekt. Sie sind aus der Theorie in die Praxis gesprungen. Sie haben begriffen, daß es im Wohlstand eine Verwahrlosung gibt, die schlimmer sein kann als Armut.

Ich bin Schriftsteller, kein Soziologe, kein Therapeut. Und ich weiß, daß Bücher die Wärme nicht ersetzen können, die Haut, den Atem, auch nicht das Gespräch. Bücher sind einseitige Gesprächspartner, geben nur dann Antworten auf Fragen, wenn man sie richtig wählt, das Richtige zu finden weiß. Dennoch können Bücher das Schweigen in Köpfen brechen; sie können allerdings ebenso Köpfe verführen und verkleistern. Sie können fatale Fluchthelfer sein.

Diese Bücher meine ich nicht. Zwar sind wir mit unseren Moden so schnell, daß wir mit unserer Werbung kaum nachkommen, und im Augenblick scheint das realistische Kinderbuch nicht mehr so beliebt zu sein – bei Kritikern wie bei Vertreibern – wie noch vorgestern; doch ich will dabei bleiben, möchte ihm die Bresche schlagen, die ihm von den Besserwissern nicht mehr geschlagen wird. Mißverstehen Sie mich nicht. Es soll nicht die Rede sein von der Abklatschliteratur, von den Quasi-Reports, auch nicht von erzählten Partei-Traktaten. Sie meinen ja nicht die Kinder, sondern die Welt der Erwachsenen. Und mit der umzugehen, sie zu erfahren, helfen keine finsteren Selbstanklagen.

Vielleicht haben wir in den letzten Jahren der Phantasie zu wenig zugetraut, haben das Phantastische gemieden, weil wir unserer Wirklichkeit nicht sicher waren. Nun bricht ein Teil der Jugend aus in Ersatzreligionen, Mythen, ins Irrationale. Weshalb? fragen wir uns. Weshalb scharen sie sich so verzweifelt um Gurus, um Führer und Leitbilder? Haben wir sie nicht vor Führern gewarnt, vor einem alles ruinierenden Massenwahn? Ja und nein. Wir haben unsere Geschichte nur in verschämten Bruchstücken mitgeteilt. Wir haben viel verschwiegen, viel gelogen. Die Nachkriegsgeneration hat es vorgezogen, sich nahezu blindlings der Gegenwart zu widmen, dem ökonomischen Fortkommen. Ethische Werte verkümmerten zu Sachwerten.

Als Dreizehnjähriger erlebte ich, wie aus zahllosen Anhängern des Nationalsozialismus, aus Männern, die noch zwischen Ruinen von den Wunderwaffen Adolf Hitlers schwärmten, wie aus Verblendeten, Fanatikern und Denunzianten mit einem Atemzug Demokraten und aufrechte Christen wurden. Ich habe diese jähe Verwandlung nicht vergessen. Sie ist mir unheimlich geblieben. Und wann immer diese Demokratie labil reagiert, sich auf ihre Stärke beruft oder wenn Anzeichen von Verfolgungswahn deutlich werden, denke ich zurück. Aus unserer Geschichte wurden zwölf Jahre gestrichen. Ein Historiker wie Helmut Diwald tut das, die Vergeßlichkeit vieler nutzend, auf seine Weise. Aber solange wir unsere Geschichte nicht *ganz* annehmen, auch diese zwölf Jahre voller Greuel und Verirrungen, Massenhysterie und Mordlust, solange wir noch über Schuld oder Scham debattieren, solange die alten Männer noch Wahrheiten und Wirklichkeiten zu ihrem Vorteil vertuschen, solange werden es manche unserer Kinder vorziehen, nicht nach uns zu fragen, sondern nach Phantomen. Sie werden sich zurückziehen in selbstgebaute Traumwelten, in denen eine laute Musik das Schweigen der Alten übertönt, ein selbstgewählter Autismus Nähe unmöglich macht und banale Schamanen die Losungen des Tages ausgeben.

Darum beharre ich auf einer Literatur, die Geschichte erzählt. Kinder sollen erfahren, woher Menschen kommen, was sie erfahren haben, wie sie miteinander leben können oder wie nicht. Ich möchte, daß Kinder lesend Partei ergreifen für Personen, daß sie sich identifizieren. Es geht mir nicht um Heldenkult, Sie wissen es. Und dennoch lasse ich mir von den Literaturtheoretikern nicht einreden, daß es keine Helden mehr geben dürfe. Ich brauche sie, schreibend, selbst. Denn ich will ihnen mitgeben, wonach ich mich kindlich sehne: die Lust, mit Menschen umzugehen, mit dem Leben halbwegs fertig zu werden oder wider bessere Vernunft und wider alle Übereinkunft etwas zu tun, etwas auszurichten, zu lieben, zu trauern. Ich versuche, nichts auszusparen, nichts zu beschönigen. Aber kann man Kindern nicht vorführen, daß die Fülle des Alters wunderbar ist oder daß ein krankes Kind über unsere Vorurteile hinaus lebt und träumt und nur von uns noch kränker gemacht wird; daß ein Junge, der aus einer sich selbst zerstörenden Familie flieht, doch von einem Menschen aufgefangen werden kann, der nicht dem allgemeinen Standard entspricht, der seine Wirklichkeit gefunden hat, in der es die verlorene wie die wiedergewonnene Liebe gibt?

Er könnte auch, lesend, in Oliver Twist einen Gefährten finden. Natürlich lebte der in einer anderen Zeit und erfuhr andere Nöte und Gemeinheiten, doch gibt es die überhaupt »anders«? Sind sie nicht immer vergleichbar, und ist das nicht der Kern, das Wesen der Literatur, Gemeinsamkeit in der Identifikation herzustellen?

Unsere zeitgenössische Literatur nimmt erstaunlich widerwillig Kinder auf, und wenn, dann sind es Mitläufer der Erwachsenen, kleine Große, Frühverelendete. Kein Hanno Buddenbrook, sondern ein Steppenkopp, wie ihn Wolfdietrich Schnurre voller mitwissender Zuneigung zwischen den Ruinen fand. Oder ein lesender Klosterschüler, sanft und aus Holz, zur mythischen Bezugsfigur erstarrt, wie in Anderschs »Sansibar«. Oder das namenlose »Kind« in Peter Handkes »Kindergeschichte«, das den Introversionen eines schreibenden Vaters schutzlos ausgesetzt ist. Ich weiß, diese Feststellung hat mit Literatur wenig zu tun, und ein jeder Kritiker könnte sie mir vorwerfen. Sie hat mit Welt zu tun, mit der Welt, die wir beschreiben – und so beschreiben wir sie, so beschreiben wir Kindheit, als hätten wir sie für immer verloren.

Im Augenblick gräbt sich die Literatur nach innen, tritt Reisen ins Ich an, das man während der kollektiven Abwendung vom Überkommenen vergessen hatte. Ich widersetze mich diesem Trip. Ich versuche, ein Realist zu bleiben, der das Individuum nie mißachtet hat, aber es als soziales Wesen auffaßt. Der von seinen Figuren hofft, daß sie sich in ihrer Umgebung zurechtfinden, daß sie sich wehren, daß sie die Fähigkeit behalten können, sich dem andern zuzuwenden. Es scheint, daß wir uns diese Fähigkeit eher auszutreiben bemühen.

Lesen lernen ist ein Prozeß. Ein komplizierter dazu. Vielen Kindern bleibt das Lesebuch eine Zumutung, und sie werden sich, haben sie keine Vor-Leser (und wie viele haben das schon?), bei der nächsten Gelegenheit vom Buch wieder abkehren. Das Lesebuch zwingt; es vergnügt nicht. Es ist ein Lehrmittel.

In den letzten Jahrzehnten hob sich der Blick des Menschen von der bedruckten Seite und blieb am bewegten Bild hängen. Er veränderte sich, verlor seine Ausdauer, veräußerte sich. Die Metapher vom »inneren Blick« droht sinnlos zu werden, denn der innere Blick ist der des Lesers, nicht der des Fernsehzuschauers. Auf dem Schirm darf sich noch abspielen, was in den Büchern lästig erscheint – allerdings kondensiert, verkürzt, auf die für den Leistungsarbeiter erträgliche Zeitspanne. Im Grunde setzt das Fernsehen fort, was die Erfinder des Lese-Digest begonnen haben. Es nimmt die Ungeduld, die Unfähigkeit des modernen Menschen zur Ausdauer ernst. Kurzatmigkeit bestimmt das Programm. Allzu sperrige, weitläufige Stoffe gehen in Serien auf, werden in Häppchen gereicht. Die Kinder haben sich längst an diese Surrogate gewöhnt: Welten, die unerklärt über sie hereinbrechen, Situationen, die keine Wurzeln, keine Voraussetzungen haben, Handlungen, die nicht erzählt werden, sondern unvermittelt ablaufen, Liebe und Haß, Menschlichkeit und Brutalität in unerhörten Verknappungen, oder der Tod, dem die Endgültigkeit und das Geheimnis genommen werden, der Abend für Abend geschieht, vor dem es keinen Respekt, kein Erschrecken mehr gibt.

Was alles wird der kindlichen Phantasie durch die Bilder genommen! Den Kindern wird ein Bild gemacht; sie können sich keines mehr selber machen. Ihre Phantasie ruht. Sie brauchen sich nichts mehr vorzustellen, es wird ihnen vorgestellt. Ganze

Welten werden fixiert: *So* leben die Reichen in Spanien, *so* die Armen in Amerika. *So* wie dieser Schauspieler, *so* und nicht anders sieht der Lederstrumpf, sieht Natty Bumppo aus, *so* und nicht anders Don Quichotte. Wir imaginierten Natty Bumppo noch, und sein Wesen, seine Gestalt veränderten sich mit unseren Erfahrungen, unserem Alter. Er wandelte sich mit uns. Er wuchs mit uns und in unsere Vorstellungswelt hinein.

Verstehen Sie mich nicht falsch. Ich war und bin ein eifriger Kinogänger. Ich kann diesen Bilder-Geschichten verfallen, mich preisgeben, und manchmal schlüpfe ich in die Zelluloid-Haut dieser selbst in ihrer Trivialität übergroßen Helden, setze mir fremde Hüte auf und leide fremde Leiden unter ihnen. Aber es fällt mir nicht schwer, mich von ihnen zu entfernen, aus der Distanz auf sie einzugehen, ihnen zu entgegnen. Die Bücher helfen mir. Den Kindern können sie kaum helfen. Die Scheinwelt, die wir übermütig fabrizieren und gedankenlos konsumieren, wird für sie, wie für viele von uns, zum Fluchtmittel, verfälscht ihre Ansicht von Welt, stiehlt ihnen Erfahrungen, löscht Widerstände.

Ich möchte zweifach zusammenfassen:

Wer aus einer Wirklichkeit flieht, hat Gründe. Wir waren lange der Meinung, Wohlstand und Fortschritt seien soziale Bindemittel. Sie sind es nicht. So wie es nicht nützen kann, Geschichte zu tilgen, um eine neue Geschichte zu beginnen. Wir haben Sachwerte gehäuft, unsere Emotionen an Leistung vergeudet und uns zunehmend ins Schweigen zurückgezogen. Wir haben Leistung und Machen zur Ideologie werden lassen und fürchten uns vor der Liebe wie vor dem Leiden.

Bücher können das Leben nicht ersetzen. Aber mit ihnen kann man zurückgewinnen, was schon aufgegeben scheint. Sie können erzählen, den Kindern erzählen, von dem, was wir uns ausgetrieben haben, um voranzukommen. Sie können uns Helden zurückgeben, Liebende, Geschlagene, Verzweifelte, Hoffende. Sie können wärmen. Sie können beibringen, wie man zusammen lebt, was Nähe bedeutet. Sie können uns den verfluchten Wohlstandsegoismus austreiben. Sie dürfen und sollen sich aber nicht von unserer beschädigten Wirklichkeit abwenden, sondern sie aufreißen durch Rückgewinne und neue Erfahrungen. Freilich müssen die Kinder zu den Büchern finden. Sicher können wir die Eltern, die das Lesen verlernt haben, nicht mehr ändern. Aber wir können in den Schulen anders als bisher mit Literatur umgehen. Was helfen Informationstheorie, Linguistik und Semantik weiter, wenn die Literatur als Restbestand einer vergangenen Zeit geächtet wird? Welch einem Irrtum sind die Pädagogen da unterlegen! Sie vergaßen, daß wir nichts von der Arbeit des Menschen wüßten, hätte er nicht erzählt, geschrien, gesungen, geklagt. Sie vergaßen, daß die Hoffnung immer ihre Geschichte brauchte, und sie unterschlugen, daß die Verzweiflung, findet sie nicht ihre Sprache, die Verzweifelten erstickt. Einer wird für sie reden, wenigstens einer, sei es in Liedern, Geschichten oder Manifesten. Die große Literatur ist immer parteiisch für den Menschen gewesen, nicht für den Mächtigen, sondern für den Ohnmächtigen, für den Suchenden, für den Zweifelnden, den Hoffenden. Also lassen wir Schüler wieder mit Literatur umgehen! Lesen wir wieder mit ihnen. Geben wir ihnen Bücher. Geben wir ihnen Phantasie!

Zum Schluß will ich ein Gedicht zitieren. Ich tue es nicht zum erstenmal. Meine jüngste Tochter, Sophie, hat es mir oft vorgesungen. Ich kannte es, wußte auch, was Walter Benjamin darüber geschrieben hatte, aber unversehens begriff ich, daß es von Fähigkeiten spricht, die uns abhanden gekommen sind: die Fähigkeit der Trauer, und die Fähigkeit des erbarmenden Widerstands. Ich meine das Lied vom »bucklicht Männlein«; es steht in »Des Knaben Wunderhorn« und geht so:

Will ich in mein Gärtlein gehn,
Will mein Zwiebeln gießen,

Steht ein bucklicht Männlein da,
Fängt als an zu nießen.

Will ich in mein Küchel gehn,
Will mein Süpplein kochen,
Steht ein bucklicht Männlein da,
Hat mein Töpflein brochen.

Will ich in mein Stüblein gehn,
Will mein Müßlein essen,
Steht ein bucklicht Männlein da,
Hat's schon halber gessen.

Will ich auf mein Boden gehn,
Will mein Hölzlein holen,
Steht ein bucklicht Männlein da,
Hat mir's halber g'stohlen.

Will ich in mein Keller gehn,
Will mein Weinlein zapfen,
Steht ein bucklicht Männlein da,
Tut mir'n Krug wegschnappen.

Setz ich mich ans Rädlein hin,
Will mein Fädlein drehen,
Steht ein bucklicht Männlein da,
Läßt mirs Rad nicht gehen.

Geh ich in mein Kämmerlein,
Will mein Bettlein machen,
Steht ein bucklicht Männlein da,
Fängt als an zu lachen.

Wenn ich an mein Bänklein knie,
Will ein bißlein beten,
Steht ein bucklicht Männlein da,
Fängt als an zu reden:

Liebes Kindlein, ach ich bitt,
Bet für's bucklicht Männlein mit!

Ist das nicht eine Projektion, wird da nicht, höchst dialektisch, der renitente Doppelgänger in die Welt gesetzt, das Wesen in uns, das nicht teilhaben will, das zerstören muß, und indem es zerstört, um Erbarmen fleht? Der Troll, der sich, widersprüchlich, in unsere intakte Welt drängt, der, gefangen in seiner schwarzen Lust, um unsere Trauer und um unsere Zuneigung fleht? Der wünscht, daß wir handeln, aber als Menschen, nicht bloß nach einem Tagesplan, jetzt dieses, dann das, nicht bloß sklavisch leistend, die Sachen ordnend. So bricht das »bucklicht Männlein« mit seiner Unordnung in unsere Welt ein, stellt in Frage, was wir haben. Es will in uns zurück. Es könnte es. Nicht durch Beten, meine ich, sondern durch phantasievolles Handeln, Zärtlichkeit, Trauer über sein Geschick. Durch zugeneigte Hilfe. Und dadurch, daß wir unsere Wirklichkeit wirtlich machen und so seinem Zorn antworten. Sonst stoßen unsere Kinder immer von neuem auf das »bucklicht Männlein«, auf das beinahe stumme, störrische Gegenüber, werden selber zu einem, werden zu wortlosen, unerklärten Gegnern einer Wirklichkeit, die wir geschaffen haben und die ihre nicht sein kann. Ob das »bucklicht Männlein« dann noch für sich beten läßt und sich nicht gleich abwendet oder zuschlägt, fragt sich – wenn wir nicht von uns erzählen, wenn wir nicht aus uns herausgehen, ohne »bucklicht« zu werden. Denn wir haben das Männlein noch nicht von seinem Buckel befreit.

1985

Vorbemerkung

Das Kind in der Literatur und Literatur für Kinder – das sind, so scheint es, zweierlei Themen, die so gut wie nichts miteinander zu tun haben. Ein poetischer Glücksfall aber kann sie verquicken. Ich denke an Alice, dieses die Dinge und die Kreaturen verbindende Wesen, das der Mathematik-Professor Lewis Carroll erfand und ausschickte, damit es ihn von seiner Liebe zu den Nymphen erlöse. Die Kinder, die sich Alice anvertrauen, wissen das nicht. Doch womöglich sind sie, lesend, glücklicher als die Kundigen, die Alice aus dem Blick verlieren und – an Carroll und seine Leidenschaften denkend – sich im Labyrinth der Tiefenpsychologie verirren.

Um diese Spanne, diese Spannungen geht es in unserem Band. Wer aus der Kindheit erzählt, erzählt Anfänge; wer für Kinder erzählt, erzählt Anfängern. Beides ist so erregend wie vertrackt. Denn Literatur verträgt Selbstmitleid ebenso wenig wie didaktischen Eifer. Wobei allerdings auch hier Ausnahmen die Regel bestätigen. Und mit einer dieser Ausnahmen beginnt in unserem Land die Literatur für Kinder. Es ist eine Geschichte für sich: Der Erzieher von Wilhelm und Alexander von Humboldt, der Aufklärer und Schriftsteller Joachim Heinrich Campe, verstand sich als Gefährte Jean-Jacques Rousseaus und kommentierte dessen Werke. Im »Émile« stieß er auf eine Stelle, die ihn neugierig machte. Rousseau nannte da ein Buch, das er, da es ihm alle anderen Bücher ersetze, als einziges seinem Zögling zu lesen geben wolle: Daniel Defoes »Robinson Crusoe«. Campe las das Buch unverzüglich und begriff, wie hier auf unvergleichliche Weise ein Anfang gesetzt wird. Ehe er seine Bearbeitung niederschrieb, erzählte er die Abenteuer Robinsons erst einmal Abend für Abend

Kindern. Sie gingen mit, sie fragten nach, mehr noch: ein jedes von ihnen wünschte Robinson zu sein und seinen Freitag zu finden. 1779 erschien dann das von Campe übersetzte und bearbeitete Buch unter dem Titel »Robinson der Jüngere«. Es wurde das erfolgreichste und beliebteste Kinderbuch seiner Epoche, und bis auf den Tag werden ungezählte Kinder mit Robinson auf die Insel verschlagen und lernen mit ihm ein neues, ein zweites Leben. Von Eduard Mörike wissen wir, daß er seiner »Kinderbraut« den »Robinson« vorlas. Auch Orplid, das er später erfand, ist eine Insel, die jedoch »ferne leuchtet«. So, wie man sich nach dem Anfang sehnt, dessen Verheißung sich nicht erfüllt.

Die Kinder in der Literatur erfahren solche Verluste und Verletzungen oft schon früh. Vielleicht, weil die Erzähler ihnen voraus sind, vielleicht, weil der unversehrte Beginn ohnehin eine Utopie ist. Das wissen wir von Hanno Buddenbrook und von Anton Reiser, von der namenlosen Tochter aus Peter Handkes »Kindergeschichte« und von Nikolenka Bolkonski, dessen Vater im Krieg starb und der am Ende von Tolstois gewaltigem Roman sich wünscht, daß alle Menschen ihn kennen und lieben. Das ist ein Kinderwunsch. Aber ist es nicht auch der Wunsch des Dichters? Entwirft er mit diesem Vorsatz nicht ein ganzes Leben?

1985

57

Altern mit Kindern, altern für Kinder

Eine Festrede werden Sie von mir nicht zu hören bekommen, liebe Cordula Tollmien, lieber Reinhold Ziegler. Ich werde Ihre Bücher auch nicht erklärend rühmen. Ich habe sie – überrascht und zustimmend – im Manuskript gelesen und fand mein Urteil, unser Urteil, bestätigt, als ich sie nun im Druck wiederlas. Sie beide haben, ich bin sicher, viel vor und viel vor sich. Und Sie haben sich das Privileg genommen, für Kinder, für junge Menschen zu schreiben. Es ist ein Privileg, ich betone es mit Nachdruck, eines, das es zu hüten gilt, gerade weil es noch immer unterschätzt oder auch verscherzt wird.

Vor achtzehn Jahren fing ich an, für Kinder, mit Kindern zu schreiben. Vor fünfunddreißig Jahren veröffentlichte ich mein erstes Buch, ein Heft mit Gedichten. Die Jahre dazwischen haben viel mit Literatur und wenig mit Kindern zu tun. Hätte mir damals jemand vorausgesagt, ich würde einmal Kinder-Romane schreiben, und dies auch noch mit Vorsatz und Vergnügen – ich hätte ihn verblüfft zurechtgewiesen. Die neue Kinderliteratur war mir so gut wie nicht bekannt. Und sie zählte für mich auch nicht zur Literatur. Meine Arroganz war gängig. Ich gebe es zu. Denke ich zurück, schäme ich mich für sie.

Erich Kästner rief das Kind in sich wach, um mit Emil und seinen Freunden dem Dieb nachzustellen. Mich weckten meine Kinder. Ich hörte, wie sie sprachen, entdeckte ihre Erzählweisen, wie sie phantasierten, mogelten, wie sie redend mit ihrer Umgebung umgingen, sich ihrer versicherten. Achtete auf die Wörter und Redewendungen, die sie aus dem Kindergarten und aus der Schule mitbrachten. Das war eine andere Sprache als die meine, oft witzig und frech in ihren Verkürzungen, mitunter grob, doch stets sehr dinglich und nah. Mir schien, als wären die Wörter noch feucht von den Lippen, die sie ausgesprochen hatten.

Die ersten Versuche, für Kinder zu schreiben, unternahm ich mit meinen Kindern. Ich hörte ihnen zu, buchstabierte ihnen nach. Dabei fiel mir auf, wie unterschiedlich wir den Tag verbrachten, daß wir geradezu in zwei Welten lebten, verhältnismäßig wenig voneinander erfuhren. Meine Neugier wurde zum Movens. Indem ich mitschrieb, lernte ich. Das ist lange her. Ich danke es Jochen Gelberg, daß ich davon nicht abließ, mir meine Gedanken über die Wirklichkeit der Kinder machte und bis auf den Tag – wann immer ich den ersten Satz für ein neues Buch ausprobiere – über die Wirklichkeit erschrecke, die wir ihnen bieten. Nicht, daß ich sie beschönigen wollte. Dazu haben wir kein Recht. Wir nicht, die wir das Elend kaum zu verändern imstande sind. Doch ich bemühe mich, aus einigen Ecken den Frost zu treiben, Lebensspuren sichtbar zu machen, Sprache zu finden, die den andern nicht vergißt, sondern erreicht. Manchmal falle ich mir selber ins Wort, zornig und traurig, habe den Eindruck, meine Leser dennoch zu betrügen: Es ist zum Beispiel schwer, gegen die täglichen Nachrichten von Unfrieden und Unverstand, von Aggression und Ignoranz eine Geschichte auszudenken, in der zwei Kinder sich lieben. Aber andererseits wird sie zum Entwurf, zum Gegenentwurf. So könnte es sein. So müßte es sein, solange wir leben.

Ungewollt bin ich ein bißchen pathetisch geworden. Haben Sie Nachsicht mit mir. Denn die Erfahrung, auf die ich jetzt in aller Kürze kommen möchte, läßt es mich notgedrungen sein. Sie beide fangen mehr oder weniger an; ich bin schon lange unterwegs. Meine Kinder, die mich lehrten, Kinder ernst zu nehmen, von ihnen als Gefährten zu lernen, sind inzwischen erwachsen. Ich bin mit ihnen und mit meinen Büchern gealtert. Auch mit den Lesern. Immer häufiger bitten mich junge Frauen oder Männer nach einer Lesung, ein zerfleddertes Exemplar vom »Hirbel«

oder von der »Oma« zu signieren, und erklären etwas verlegen, das hätten sie noch während der Schule gelesen. Und jedes Mal wäge ich die Jahre ab, meine und ihre.

Nicht nur das. Ich denke an die hochgemuten Reden, die wir führten, an unsere didaktischen Träume. An die Moden, denen wir zu widerstehen glaubten. Noch vor einem Jahrzehnt setzte man entschieden und selbstbewußt auf die realistische Erzählung, traute ihrer unmittelbaren Überzeugungskraft. Das scheint lange her. Inzwischen streiten die Verfechter von Phantasie und Fantasy, und auch die politische Wende schlägt sich literarisch nieder. In den Geschichten nimmt die Ordnung zu, die schlimme Welt bleibt vorm Gartentor: Was soll sie uns, wenn wir nur richtig und gut leben?

Alten Leuten wird nachgesagt, sie seien vergeßlich. Ein alternder Schriftsteller darf das nicht sein. Er kann, im Gegenteil, eine wunderbare Chance nutzen: Er kann die Fülle an Erfahrung und Erinnerung und die wieder zunehmende Kindlichkeit verquicken. Eine Zeitlang haben wir uns, meine Kinder, meine Leser und ich voneinander entfernt – und ich blieb dabei, erwachsen zu sein. Wahrscheinlich habe ich aus dieser Einsicht mein bisher letztes Kinderbuch nicht in der Gegenwart meiner Kinder, die keine mehr sind, sondern in der Vergangenheit, in meiner Kindheit angesiedelt. Doch bald, ich weiß es, nähere ich mich, im Schreiben und im Leben, der Generation meiner Enkel, und nichts wird mich aufhalten, meine Wirklichkeit an ihrer zu prüfen, auf sie zu hören, ihnen zu erzählen, was sie sind, was sie werden können, und dabei das preiszugeben, woran ich leide, worauf ich hoffe. Es läßt sich mitteilen. Es läßt sich teilen.

1987

60

Von den Anfängen zwischen Erde und Himmel

Warum ich weiter für Kinder schreibe

Das Haus, in dem ich vor beinahe zwanzig Jahren anfing, von Kindern und für Kinder zu schreiben, das tönte und widertönte von dem wunderbaren Lärm, mit dem der Mensch sich weinend und lachend ins Leben ruft, das Haus, in dem Geschichten keimten und weitererzählt wurden, aber auch abbrachen, in dem wir, Kinder und Erwachsene, voneinander lernten – dieses Haus, das wir bewohnten wie den Bauch eines Cellos, um uns zu hören, die Geräusche unseres Lebens, unserer Liebe und unserer Traurigkeiten, dieses Haus ist leerer geworden, stiller, und wo einst die Erwartung ständig über die Schwelle sprang, kehrt nun die Erinnerung ein. Die erwachsenen Kinder bringen ihre alten Geschichten zurück, um neue Fragen zu stellen, die Zeit, die sie selbstbewußt noch haben, rennt uns Älteren fort.

Unser Haus erschien mir nicht selten als eine oft angefochtene, gewiß fragwürdige und dennoch haltbare Zuflucht. Von dieser Zuflucht wird – damit bin ich beim Thema – in meinen Büchern für Kinder zwar nicht erzählt, sie wird aber vom Erzähler ständig *gewußt:* nicht als Utopie, sondern als reale Möglichkeit, als Folie für jede Erfahrung und jede Mitteilung – widerrufbar wie alles in unserer flüchtigen Existenz. Beständig aber auch.

Das Zuhause bindet und verbindet Eltern und Kinder für ein paar Jahre ihres Lebens. Ein Zuhause, das auf Dauer nicht bestehen, als Entwurf aber bleiben kann. Es ist gleichgültig, ob es weit oder eng ist – es kann eine Hütte sein oder eine Villa, eine Baracke, eine Bude; das Zuhause ist soziale Gemeinsamkeit, ist Spiel-Raum, in dem Erwachsene lernen, ihre Ansprüche an die Zukunft mit den Kindern zu teilen. Allein das einzusehen fällt vor

allem in den auf individuellen Wohlstand organisierten Industriegesellschaften schwer, in den von Selbstverwirklichungsideen und
Leistungsvorstellungen geprägten Zivilisationen, in denen das Ich
geradezu zwanghaft mit dem Du im Wettstreit liegt. Wie sollen
Menschen unter solchen Umständen vom Ich, von der Leistung,
vom Erfolg, vom Gewinn absehen, einen nicht unbeträchtlichen
Teil ihrer psychischen und physischen Kraft abgeben, ohne vo-
raussehen zu können, ob sich das auch tatsächlich lohnt? Genau
das ist die unvergleichliche, tief in unsere Existenz hineinwirken-
de Provokation dessen, was wir aus Konvention Erziehung nennen.

Wir könnten es genausogut als Leben-lernen, als soziale Phase,
als Zuhause bezeichnen.

Ungezählte Kinder, vor allem in den Industrienationen, erfahren diese sie schützende, wärmende, mit Zukunft versehende
Phase nicht mehr. Sie kommen auf die Welt und werden ausgestoßen. Nicht wenige von ihnen veröden und vereinsamen in
einer opulenten Umgebung. Manche werden auf entsetzliche
Weise zu Opfern ihrer überforderten Eltern; sie werden geschlagen und gequält. Sie werden, erwachsen geworden, selber schlagen und quälen. Je satter wir sind, um so mehr neigen wir zu Gewalt. Je länger wir den Frieden haben, um so brutaler toben wir
uns in unserer Phantasie aus. Reale Anregungen dazu gibt es in
schrecklicher Fülle. Wirklichkeit und Wahn verquicken sich in
Fernsehbildern. Das menschliche Leben gilt da nichts mehr. Ein
mörderischer, sich an inhumane Mächte verdingender Zynismus
breitet sich aus.

Kinder werden in Uniformen gesteckt und in die Minenfelder
geschickt. Das geschah noch vor kurzem. Im Namen eines entrückten Gottes und seines ebenso entrückten Sachwalters. Nicht
einmal die Mütter dieser Geopferten schrien auf, geschweige
denn die verhöhnte, doch zunehmend unempfindliche zivilisierte
Welt. Der große, die Welt vernichtende Krieg findet nicht statt;

in den kleinen, nicht minder grausamen Kriegen »entspannt« sich unsere wachsende Friedlosigkeit.

Meinen ersten Kinderroman schrieb ich über einen behinderten Jungen, »Das war der Hirbel«. Das Buch wurde erst einmal kaum beachtet. In ihm gab es kein Happy-End, es versöhnte nicht, also war es heranwachsenden Lesern auf keinen Fall zuzumuten. Literatur wurde, nach dem Verständnis vieler Eltern, für Kinder erträglich erst dann, wenn sie der Wirklichkeit beschönigend entgegnete, wenn sie harmonisierte und heilte. Lehrerinnen und Lehrer begriffen jedoch bald, daß diese törichte Schonung zugleich auch einen Entzug an sozialem Reagieren bedeutete. Wieviel Unerklärtes und Unerklärbares erfahren Kinder in ihrem Alltag.

Inzwischen habe ich allein zu dem Buch über Hirbel mehr als zehntausend Leserbriefe bekommen. Die jungen Leser identifizieren sich beinahe ausnahmslos mit dem beschädigten, in gewissem Maß hilflosen Kind. Sie schlüpfen voller Anteilnahme, doch auch voller Zorn über die Ungerechtigkeit und Lieblosigkeit, die Hirbel widerfährt, in die schäbige Hülle und füllen sie aus mit ihren Wünschen und Fragen. Allerdings widersprechen die meisten Kindern dem offenen Schluß der Geschichte. Wie kannst du, werfen sie dem Autor vor, den Hirbel so allein lassen? Sie korrigieren, schreiben Fortsetzungen. In ihnen erwidern sie dem uns Erwachsenen so fabelhaft antrainierten sozialen und ökonomischen Egoismus. Sie verschaffen in ihrer Phantasie dem aus unserer Gemeinschaft verstoßenen Buben ein Zuhause. Dabei übertreiben sie so gut wie nie. Sie gestehen Hirbel das nicht zu, was er ohnedies nicht haben kann, einen ungetrübten Verstand und eine makellose Gesundheit. Sie verschaffen ihm Wärme, Freundlichkeit, Schutz, verhelfen ihm zu Menschen, »neuen Eltern«, die ihn zu verstehen versuchen, auch in seiner Fremdheit, seinem Anderssein.

Da leuchtet auf, wofür und wohin ich schreibe. Da wird der

Grund meiner Sätze klar. Es ist nicht das Zuhause selbst, aus dem Hirbel ausgestoßen ist wie viele Kinder unter uns, sondern die Erinnerung an ein Zuhause, die, oft verschüttet, in jedem von uns, selbst im Verlassenen, Heimatlosen, wachgerufen werden kann.

Jeder, der mit Kindern umgeht, mit ihnen lebt, sollte eine Schule der Anfänge absolviert haben, sollte wie selbstverständlich teilnehmen können an den jeweils ersten Erfahrungen; und diese Erstmaligkeit nicht bloß respektieren, sondern hüten und pflegen. Wie viele erste Male gibt es in jeder Kindheit, in jeder Jugend! Und wie oft werden sie durch Unverstand und Gleichgültigkeit der Älteren verdorben und verraten.

Niemand wird sich an die erste aller Berührungen erinnern, an die Haut der Mutter, die Wärme, die von ihr ausgeht, an die unsichere, übervorsichtige Hand des Vaters; niemand an den ersten Schock, allein zu sein in Finsternis, in Kälte, ausgesetzt zum ersten Mal einer todnahen Einsamkeit. Was uns alles zum ersten Mal widerfährt, beginnt allmählich in unser Gedächtnis aufzugehen. Nicht nur in unser Gedächtnis. In unsere Haut, in unsere Haltung, in unser Verhalten. Jedes *erste Mal* wird uns ein Stück mehr ins Leben stoßen oder aus dem Leben verstoßen. Die erste Liebe, der erste Haß, die erste Trauer, die erste Reise, der erste Abschied, der erste Freund, die erste Freundin. Ich zähle hier große Erstmaligkeiten auf. Die Staubkörner der Erstmaligkeit, die unbenannten, spürt jeder von uns unter der Haut. Ohne sie wären wir nichts, wüßten wir nichts, könnten wir nichts. Die ersten Erfahrungen sind der Nährstoff unserer Seele. Der freilich kann verdorben sein und uns verderben.

Wir wachsen nicht unter einer Glocke auf, in der allein familiäre Verabredungen verbindlich sind. Das wäre ohnehin eine fatale, uns entstellende Einschränkung. Wir sind als einzelne wie als Gruppe in eine Kultur, eine Zivilisation eingebunden. In jedem

Gedanken, jeder Aktion und Reaktion sind wir davon abhängig. Kulturen gleichen einem wuchernden Myzel, einem durch Moden, Tendenzen, Strömungen sich unaufhörlich wandelnden Gewebe. Jeder Pädagoge – sei es ein indischer Weiser, ein japanischer Lehrer, ein italienischer Erzieher, sei es Jean-Jacques Rousseau oder Maria Montessori –, jeder Pädagoge definiert mit und gegen seine Zeit den Sinn der ersten Erfahrung, selbst wenn er ausdrücklich gar nicht auf sie kommt. Ungeachtet dessen meine ich aber, daß die Erstmaligkeiten, die ersten Male, doch auf einem archaischen Grund stattfinden. Ein Kind, das sehr früh Lieblosigkeit erfährt, wird, gleichgültig in welcher Umgebung und in welcher Epoche, einen solchen Verlust nie verschmerzen, ihn entweder in seinem späteren Leben bös und triftig ausspielen, ihn also der kommenden Generation unbewußt heimzahlen – oder ihn sublimieren. Wer Zuneigung von Anfang an als Teil seiner Existenz aufnimmt, wie die Wärme der Sommerluft, der wird ungleich sicherer und offener auf Menschen zugehen, gewiß auch verletzbarer. Gesellschaften, in denen Rivalität im Beruf zur Wachstumsdroge wurde, werden bis in die kleinste Zelle von dieser Energie durchdrungen sein.

Da es kaum Menschen gibt, die auf ihre eigenen Vorteil nicht bedacht sind, werden die wahrhaft Friedfertigen, die genuin Freundlichen unter uns rar bleiben. Während jene, die den Frieden lernen und hernach lehren, das heißt auch: leben, unter uns zunehmen sollten – in jeder Kultur und auf jedem Kontinent. Dies wiederum hängt nicht zuletzt von den erfahrenen Erstmaligkeiten ab, von der ersten Liebe, vom ersten Zorn, von der ersten Einsicht, schwach oder stark zu sein. Und jene, die uns in solchen Augenblicken begleiten, die uns zusprechen oder uns widersprechen, die sich von uns entfernen oder uns umarmen, werden für diese Entwicklung den Ausschlag geben.

Die Entwicklung des »Menschengeschlechts«, von dem Philosophen und Dichter von jeher als einer Einheit sprachen und die sie in immer neuen Visionen festzuhalten nicht müde wurden, scheint sich einer Grenze zu nähern, die auch ein Ende bedeuten könnte. Nie hat der Mensch so viel erkundet und erfunden, sein Wissen so erweitert, seine Erfahrungen so ergänzt wie in diesem Jahrhundert. Es hat den Anschein, als habe er sich über sich hinausgeschleudert, als komme er sich selber nicht mehr nach.

Das sollte uns Furcht einflößen. Noch haben wir keine Ethik entwickelt, die auch nur annähernd die ökonomischen und technologischen Schritte faßt. Wir bedienen uns aller Neuerungen voller Kenntnisse, die gewissermaßen unbefestigt, deren moralische Fundamente noch nicht errichtet worden sind. Unmerklich haben wir den Boden unter den Füßen verloren. Hinzu kommt, daß der globale Frieden, den wir aus schierer Überlebenstaktik zu halten genötigt sind, uns in unseren sozialen und ethischen Projektionen keineswegs friedfertig sein läßt; daß wir, im Gegenteil, fortwährend aggressiver und mordlustiger werden, überhaupt nicht gewillt, den angehäuften, längst sinnlos gewordenen Besitz mit den Besitzlosen zu teilen, sondern die Erde in Aggressionswellen erschüttern, das Morden unseren Kindern bereits beibringen, die in Fernsehfilmen Bestialitäten jeglicher Spielart studieren können.

Ich könnte keine Zeile mehr schreiben, lebte ich nicht in meiner Vorstellung von den Anfängen, die Menschenkinder rund um die Erdkugel machen, immer von neuem mit jenem kostbaren Stoff beschenkt, aus dem Phantasie, Würde und Zuversicht bestehen. Wer will, mag ein solches Amalgam Glauben nennen. So kühn bin ich nicht. Ich bezeichne es als die Beständigkeit der humanen Gedanken zwischen Erde und Himmel. Gehen die uns verloren, sind wir nicht mehr fähig, sie in unser entwerfendes Gedächtnis aufzunehmen, haben wir verspielt. Wir sind nahe daran.

Wir, jede einzelne, jeder einzelne unter uns, dem ein Kind anvertraut ist, sind in der Lage, für eine neue Geschichte die Sprache zu finden und unsere eigene Geschichte für einen Moment in der Fortsetzung, die unsere Kinder bedeuten, zu erkennen. Nur für einen Moment. Bündeln sich aber in einem solchen Augenblick nicht die Entwürfe, die Ideen vieler, könnte es nicht der Beginn einer individuellen und ebenso der Keim einer kollektiven Geschichte sein?

Ich schreibe für Kinder aus zwei Gründen: Erstens, weil ich die Wirklichkeit der Kinder als eine erkenne, die zugleich auf die Möglichkeit des menschlichen Überlebens verweist. Zweitens, weil alle Kunst (und ohne die Künste wären wir erst recht verloren) von den Anfängen zehrt, die irgendwann in den großen Mythen Paradies hießen und die schlichter, aber auch verpflichtender Kindheit genannt werden könnten. Ich kann keine Paradiese schildern. Die haben wir alle im Lauf von wenigen Weltsekunden verraten, vergessen. Ich kann aber den Anschein künftigen gemeinsamen, friedvollen Lebens in stetig veränderten Ansätzen, in ständig befragten Anfängen erzählen.

Wer für Kinder schreibt, sollte beherzt und streitbar mit unserer geschundenen Wirklichkeit umgehen – also Realist sein. Und er sollte gleichermaßen die Hoffnung in diese Wirklichkeit pflanzen als ein unsichtbar wirksames Zuhause, sollte also Utopie nicht scheuen.

1988

Liebe Leser!

So fange ich an, denn ich will euch anreden. Liebe Leser. Und mit dieser Anrede komme ich schon ins Grübeln. Ich kenne euch nämlich nicht, an die ich mich wende. Und sollte ich zufällig jemanden kennen, dann einen unter tausend. Das ist eine sonderbare Sache, die mich immer wieder durcheinanderbringt. Der Schriftsteller kennt die meisten seiner Leser nicht. Er schreibt, voller Vertrauen – für Menschen, die ihm unbekannt sind.

Zu den Zeiten, als Bücher noch nicht gedruckt wurden, als die meisten Leute noch nicht lesen konnten, erzählten die Dichter und sahen ihren Zuhörern in die Augen. Da waren die Leser Zuhörer. Der Erzähler merkte, wurde die Runde unruhig, daß seine Geschichte nicht genügend spannend war. Oder er konnte feststellen, daß die witzigen Sätze gar nicht so witzig waren, wie er sie sich gedacht hatte. Es lachte nämlich keiner. Zustimmung oder Ablehnung waren für ihn also sofort vorhanden. Das ist heute anders. Beim Schreiben sind wir allein. Manche von uns lesen das, was sie gerade geschrieben haben, in der Familie oder vor Freunden vor. Viele tun das nicht. Und wenn sie mit ihrer Erzählung, ihrem Roman oder ihren Gedichten fertig sind, wenn die Arbeit abgeschlossen ist, sind sie eigentlich noch einsamer.

Der Verlag druckt das Buch, schickt es an die Buchhändler. Es liegt in den Schaufenstern und wird hoffentlich gekauft. In dieser Zeit denkt der Schriftsteller besonders stark an seine unbekannten Leser. Er versucht sie sich vorzustellen. Er erinnert sich, wie er in dieser oder jener Stadt vorgelesen hat. Es fallen ihm Gesichter und Unterhaltungen ein, und er malt sich aus, daß diese Frau oder jenes Kind sein Buch gerade lesen. Im Grund erzählt er sich damit wieder eine neue Geschichte. Die Geschichte zu einer Geschichte. Die Geschichte von seinem möglichen Leser.

Manchmal bekommt der Dichter Briefe von Lesern. Ihr könnt euch gar nicht ausmalen, wie wichtig sie ihm sind. Es sind Botschaften für ihn. Mehr noch. Aus dem Selbstgespräch, das er geführt hat, als er das Buch schrieb, wird mit einem Mal ein Gespräch. Da mischt sich jemand ein. Da sagt jemand: Ich hab dich verstanden. Oder: Warum hast du mir das nicht noch genauer erzählt? Oder: So etwas hab ich auch schon erlebt.

In solchen Augenblicken ist der Schriftsteller glücklich. Auch wenn er allein an seinem Schreibtisch sitzt, ist er nicht mehr allein.

Wir Dichter brauchen eure Phantasie. Sie ist unsere Zukunft. Unsere Hoffnungen, unsere Träume können ein Teil eures Lebens sein. So wie sie ein Teil unseres Lebens sind.

1988

Gedächtnis und Erinnerung

Als ich Margaret Klares Manuskript, das hier als Buch gepriesen werden soll, zum ersten Mal las, fühlte ich mich sogleich übers literarische Interesse hinweg beteiligt. Das hat einen einfach scheinenden Grund: Wir sind gleich alt. Wir sind 1933 geboren. Aber damit hört auch schon auf, was einfach genannt werden könnte. Und es ist von einer anderen, ungleich komplizierteren Nähe zu reden: Die Schocks, von denen Margaret Klare erzählt, die schrecklich unerklärten Bilder, die das Gedächtnis des Mädchens verstörten, die die Erinnerung der Frau heimsuchen und plagen bis auf den Tag, diese Bilder greifen auch mich an. Es sind auch die meinen. Obwohl ich sie als Junge nicht wahrhaben wollte, mich ihnen widersetzte. Auch ich habe versucht, mir später darüber Satz für Satz Klarheit zu verschaffen. Das ist ein mühsamer und schmerzlicher Prozeß, der für uns kein Ende haben wird. Als wir beide, Margaret Klare und ich, an verschiedenen Orten in Deutschland zur Welt kamen, wurden in unserem Land Bücher verbrannt. Brannte die Schrift. Damit fängt unser Gedächtnis an. Und wenn wir auch meinen, dieser Frevel sei vorüber. Er ist es nicht. Er wird es nie sein.

Margaret Klares Buch und unsere gemeinsamen Erfahrungen geben mir die Gelegenheit, über eine Widersinnigkeit nachzudenken, die aber, will man der Literatur auf den Grund kommen, von tiefem Sinn erfüllt ist: die Spanne zwischen Gedächtnis und Erinnerung.

Wer mit Kindern lebt, für sie schreibt, ist sich dieser Spanne ständig bewußt. Kinder verfügen über ein frisches, freches, unverbrauchtes, auf Einzelheiten erpichtes Gedächtnis — sie sammeln heißhungrig ein, um einer Erinnerung willen, die sie haben wollen und haben werden, doch noch längst nicht so haben wie zum Beispiel die Eltern.

Das unverbrauchte Gedächtnis ist darauf aus, in Sätzen, in Bildern Geschichten zu horten. Erst aus dem, was wir erlebt haben, können wir unser Leben erklären, mehr noch, können wir unser Leben entwerfen.

Ich postuliere das – zögere – frage mich: Trifft das tatsächlich zu? Hat uns die nacherzählte Geschichte, vor allem unsere jüngere und jüngste, nicht im Gegenteil beigebracht, daß sich zwischen Gedächtnis und Erinnerung eine geradezu undurchdringbare Zone des Schweigens ausbreiten kann? Ein die Geschichte ausschließendes Vergessen? Zornige, wie auch resignierende Abhandlungen darüber sind inzwischen Legion. Die Termini wechseln. Bis auf einige, die regelmäßig wiederkehren: Verdrängung, Amnesie. Das Gedächtnis, das zur Erinnerung aufgerufen ist, zum Erzählen, sträubt sich gegen die nahe Vergangenheit. Will sie nicht wahrhaben. Fast alle Völker werden gelegentlich von solchem jähen Gedächtnisschwund heimgesucht. Mitunter üben sie sich kollektiv. Das bewog einige Verwalter der besseren Geschichte hierzulande, unvergleichbare Verbrechen unangemessen zu vergleichen. Als wollten sie, märchenmächtig, Köpfe auf unterschiedlich maladen, verwundeten Körpern tauschen.

Eine solche historische Mogelei zu unterlassen hätte, zum Beispiel, die Lektüre von Margaret Klares einfachen und doch unendlich vielschichtigen Erzählungen lehren können. In ihnen verbünden sich Wort und Bild genau, Gedächtnis und Erinnerung.

Auf dieses Bündnis kommend, bin ich bei denen, für die diese Geschichten geschrieben worden sind, bei den Kindern. Hier wird nämlich aus dem Gedächtnis eines Kindes erinnert. Sicher, ich weiß, so trifft das nicht zu. Längst sind nämlich, über Jahrzehnte, die Bilder und Sätze von ehedem viele Male befragt und in Wiederholungen geprüft worden. In einem Prozeß, der gleichermaßen festigt wie verschleift. Nur wird in jeder einzelnen Schilderung erinnernde Unruhe deutlich. Nichts wird einfach festgestellt. Genau das aber ist eine Eigenschaft des kindlichen Gedächtnisses. Es ist hungrig, will erleben, erkennen, einsehen. Es will mit jener Fülle von Begebenheiten, nebensächlichen und wichtigen, gefüttert werden, die in einem wunderbaren Stoffwechsel Erlebtes zur Erinnerung werden läßt. Dies ist ein ebenso natürlicher wie verletzbarer Vorgang, da er nicht allein von dem individuellen Gedächtnis abhängt, sondern ebenso von wechselnden äußeren Einflüssen, von Moden, von gefilterten Mitteilungen, Indoktrinationen, Glaubensweisen und Ideologien.

Damit ist nur ein Bruchteil dessen, was in unser Gedächtnis strömt, benannt.

Das setzt sich ab.

Das schichtet sich.

Das geht verloren und doch nicht.

Unser Gedächtnis ist nicht imstande auszuwählen. Erst auf dem Weg in die Erinnerung entscheidet sich, was hält, was sich auflöst und absinkt auf den Grund des Bewußtseins und dort als Gefühl, als Stimmung in bestimmten Situationen wach wird. Es ist die Basis der Erinnerung. Der Traum hat mit dem Gedächtnis nichts zu tun. Er *erinnert*. Er, diese Vorstufe jeder Kunst, offenbart, worin der Schläfer dem Wachenden voraus ist – er kann ohne jede Anstrengung, ohne nach Bildern und Wörtern zu suchen, *erzählen*. Ein Roman, ein Lied, ein Bild – sie alle Gebilde des Erinnerns, sind zwar jenseits des Traums, in einem bewußten Zustand geschaffen worden und doch in ihrer Schlüssigkeit gleichsam Echos aus dem Unterbewußten.

Wer diese Herkunft der Künste bedenkt und ernst nimmt, wer zugleich das kindliche Gedächtnis schützen und beschenken will, der sieht sich unversehens in einer wunderbaren Rolle: Er erzählt, malt, komponiert, um einem frischen, unbeschädigten Gedächtnis jene Inbilder anzubieten, die sich in der Erinnerung als Leitmotive, als Refrains festsetzen.

Es sollten Menschenmuster sein. Vorstellungen von Menschen. Möglichkeiten. Es könnten Bilder und Sätze sein, die zwischen Gedächtnis und Erinnerung eine andere, dauerhafte Wirklichkeit finden. Dabei muß ich gestehen, daß die Hoffnung auf solche mitgeteilte, geteilte Erinnerung, die sich als unsere gemeinsame Geschichte erzählen läßt, immer wieder durch unsere Unfähigkeit zu erinnern zerschlagen wird. Notwendig bleibt sie, die erzählte, erzählende Erinnerung. Ich bin sicher, daß ein Roman wie »Krieg und Frieden« nicht nur die Wirklichkeit, sondern sogar die Möglichkeiten des Lebens in der Erinnerung eines jeden Lesers konstituiert. Bis auf den Tag. Ich kann, schließe ich die Augen, mit Fürst Andrej unter Toten und Verwundeten auf dem Schlachtfeld liegen und zwischen den wandernden Wolken am Himmel das Bild Napoleons ausmachen und dann, als der furchtbare und verehrte Schlachtengott tatsächlich auftritt, seine Stimme unmittelbar neben Andrej, neben mir laut wird, befehlend und räsonierend, denke ich so wenig wie Andrej daran, dem Täter nur einen Blick zu schenken, sondern schaue weiter nach der Gestalt zwischen den Wolken.

Es gibt so viele, mit denen ich gemeinsam erinnere, die mich beleben. Da tönen Rufe tief hinein in die Erinnerung. Was lange vergangen war, springt in ein paar Wörtern auf und wird lebendig. Erzähl!

Diese Kraft könnte schwächer werden. Neuerdings packt mich mehr und mehr die Furcht. Gerade jene, die das Kindergedächtnis speisen könnten mit Szenen, mit Figuren, mit Beispiel und Erfahrungen, die Älteren, Frauen und Männer, wie es sie in manchen Kulturgemeinschaften noch als sprechende Hüter von Lebensmustern und Überlebensformen gibt, gerade sie sind in den technologisch bestimmten Gesellschaften an den Rand verdammt. Ersetzt werden sie längst von »Geräten«. Sei es der Babysitter Fernsehapparat (samt Video), sei es, wenig später, der Freund PC, der Computer. Der eine, der Fernsehapparat, spricht nicht *einen*, sondern *alle* an; und Antworten erreichen ihn nicht. Der andere, der Computer, läßt sich zwar ansprechen, aber er antwortet in einer vorgegebenen, programmierten Weise. Er hat ein Gedächtnis, keine Erinnerung.

Eine fatale »Verwandtschaft« stellt sich da her. Das kindliche Gedächtnis mißt sich am mechanischen Gedächtnis. Beide bestätigen sich gegenseitig Wissen. Und sie geben sich selbstredend – wie anders kann eine derartige »Verständigung« ausgehen? – damit zufrieden. Gefühle, die erst durch Erinnerungen Halt finden können, brechen in die von Maschinen angesprochenen Kinder so unvermittelt und so unbeantwortet, daß Aggressionen nicht ausbleiben können.

Ich weiß, ich bin drauf und dran schwarz zu malen – und will's doch bleiben lassen. Wie auch immer die technologische Entwicklung sich beschleunigt, längst hat es sich erwiesen, daß wir in der Entwicklung unser selbst, im dialektischen Auswägen von Wissen und Bildung, Gedächtnis und Erinnerung zurückgeblieben sind. Es sieht nicht so aus, als könnten die kommenden Generationen zu sich kommen, es sei denn, eine Katastrophe hielte sie auf.

Ich schreibe diese Sätze auf einer Reise, im Zug. Es ist der 20. April 1989. Vor hundert Jahren wurde Adolf Hitler geboren. In Leitartikeln lese ich, er sei die Verkörperung des Bösen gewesen und uns, den Deutschen, falle es weiter schwer, seine Untaten so zu erinnern, wie es nötig sei, für die Fortschreibung unserer Geschichte. Das ist ernst gemeinter Unsinn. Mehr nicht. Denn die Geschichte, die wir jetzt haben, wurde uns eben immer nur in Fragmenten berichtet. Von den Vätern wurde sie uns noch verschwiegen. Vielleicht kann das gar nicht anders sein. Nur sollten die überlieferten Bruchstücke wenigstens so unverstellt anschaulich sein, daß wir der erinnerten Wirklichkeit auch *Wahrheit* zutrauen.

Das alles bleibt ein Beweggrund des Erzählens.

Wer erinnert, erzählt.

Wer erzählt, erinnert.

Und dieser Dialektik fügen sich sogar die Lebensalter. Alte leiden oft darunter, daß ihr Kurzzeitgedächtnis versagt. Das wiederum funktioniert bei Jungen meistens mühelos.

Warum also sollten wir nicht nach unserer Natur handeln und Geschichte begreifen? Die altersgemäßen Ungleichheiten verweisen auf jene Kraft, die Gedächtnis und Erinnerung verquickt. Anfang und Rückblick. Wissen und Weisheit. Wie auch immer: hier fängt das an, was uns aufnimmt und wirklich werden läßt, was uns alle erzählt – unsere Geschichte.

1989

Der Anspruch der Kinderliteratur

I.

Seit es Literatur für Kinder gibt, meine Damen und Herren, Literatur ausdrücklich für Kinder geschrieben, stellt sie sich auch den Anspruch, Literatur zu sein. Nicht kleine, nicht große, nicht kindliche oder kindgerechte, sondern eben Literatur. Darauf zu bestehen fiel ihr allerdings seit eh und je schwer. Es wurde ihr schwer gemacht. Sie ist öfter heruntergekommen, als es jene Autoren erwarten konnten, die Belehrung, Poesie und Unterhaltung als ein selbstverständliches Amalgam von Literatur ansahen. Das hat viele Gründe. Immer wieder und immer anders geriet die Literatur für Kinder unter die Fuchtel von Pädagogen, Theologen und Ideologen, also allen denen, die sich im Grunde das paternalistische Recht der Erziehung anmaßten. Überdies reagierten die Autoren, die für Kinder schrieben und schreiben, rascher auf Moden. Nur selten schrieben sie ganz unverstellt, blieben bei sich, um so mehr krümmten sie sich unter realen oder eingebildeten »Aufträgen«.

Darin waren sie den Kindern gleich, auch wenn sie es sich nie eingestanden hätten. Sie wurden wie die Kinder – und da wird ein deutsches Wort in seiner Gewalttätigkeit genau – »erzogen«. Woran wird da gezogen, bis es paßt? Am Verstand, an der Seele, am »ganzen Menschen«? Wie auch immer – auf alle Fälle wird lang- und geradegezogen nach den Vorstellungen und Maßgaben der *Erzieher*, die nur darauf achten, daß der *Zögling* nicht ver*zogen* wird.

Ich will diese Spur nicht weiter verfolgen. Ohne Mühe und mit Abscheu könnte ich sie ziehen zwischen Schreber und Schirach. Aber dergleichen essayistische Einblicke in Schreckenskabinette kennen wir schon genug.

Es gibt auch die andere Tradition. Die, seit für Kinder geschrieben wird, die Form nicht über dem Inhalt vergißt, die Wörtern und Sätzen das Glänzen, Schweben und Zaubern lehrt und nicht unbedingt den Lesern das Parieren. Ohne Zweifel sollen sich die Autoren über ihre aufwachsenden Leser Gedanken machen, sich aber als Literaten, Poeten nie verraten. Sie sollen nicht lispeln in der Meinung, sich so ihrer Leserschaft verständlich zu machen.

Wir wissen längst, daß die Sprache sich nicht arm und klein machen muß, um Kinder zu erreichen. Im Gegenteil – sie soll ihre Fülle und auch ihre Rätselkraft ausspielen. In nichts darf sie zurückgenommen werden. Bloß in einem muß sich der Poet, wendet er sich an Kinder, bescheiden. Wenn es denn ein Bescheiden ist. Wahrscheinlich bedeutet es für ihn eher eine anstrengende Herausforderung. Er kann und darf nie abstrahieren. Selbst den abstraktesten Gedanken muß er anschaulich werden lassen, muß er *erzählen*. Sicher, diese Einsicht ist nicht neu. Ich finde mich zu meinem Vergnügen und zu meiner Genugtuung bestärkt durch Friedrich Justin Bertuch, den bedeutenden Weimaraner, der sich nicht nur als Lehrer, Schriftsteller und Übersetzer auszeichnete, sondern als ein einfallsreicher und weitblickender Verleger seiner Zeit. Er hat, wie Sie wissen, ein Bilderbuch für Kinder herausgegeben, das er in acht Punkten ankündigte. In einem Programm, das seit 1790 nichts von seiner Klugheit und vor allem von seiner phantasievollen Einfühlsamkeit verlor. Es meint, finde ich, nicht nur die Bilder. Sondern ebensogut die Wörter, die Sätze. Ich bitte Sie, das mitzudenken, wenn ich einige der wichtigsten Passagen zitiere, ohne allen Kommentar.

Nach Bertuch muß das gelungene Bilderbuch für Kinder »schön und richtig gezeichnete und keine schlecht gestochenen Kupfer haben, weil nichts wichtiger ist, als das Auge des Kindes, gleich von Anfang an nur an wahre Darstellung der Gegenstände, richtige Verhältnisse, Eindrücke und Begriffe, die es der Seele geben kann, und an schöne Formen und guten Geschmack zu gewöhnen. Man kann nicht glauben, wie begierig die Einbildungskraft eines Kindes die ersten bildlichen Eindrücke faßt, wie fest sie dieselben hält, und wie schwer es hernach ist, falsche Bilder und Begriffe, die es dadurch empfing, wieder wegzuschaffen. – Das Auge des lebhaften Kindes sieht ganz anders als das Auge des Erwachsenen, das sich beschränken und abstrahieren kann. Das Kind aber sieht die ganze Menge höchst verschiedener Bilder und Gegenstände, die auf der Tafel zusammenstehen, alle auf einmal, springt mit seiner lebhaften Imagination von einem zum andern über ...«.

Obwohl hier von einem Bilderbuch, einem Orbis pictus, gesprochen wird, läßt sich jeder Gedanke übertragen auf Literatur. Darauf, wie ein Kind mit Wörtern, Sätzen, mit Poesie umgeht, umspringt.

Ergänzend zu Bertuch will ich auf einen einzigartigen Sachverhalt hinweisen, der die Literatur für Kinder in jeder Hinsicht angeht. Ich habe das schon öfter getan und werde es auch in Zukunft nicht unterlassen. Ich möchte hinweisen auf die unerhörte Erfahrung des Anfangs. Auf die wunderbare Sammlung von Anfängen, die den Menschen ausmacht und weitertreibt. Ein Kind abenteuert von Beginn zu Beginn, wechselt mitunter in atemberaubender Geschwindigkeit die Erfahrung von Erstmaligkeiten. Es ist noch blind, wenn es zum ersten Mal Kälte erfährt, Wärme, Haut. Und dann, und dann: eine wunderbare Kette von Anfängen. Die erste Freundschaft, das erste Wort, der erste Spaziergang, die erste Stadt, die erste Reise, zum ersten Mal ins Schwimmbad, zum ersten Mal auf dem Fahrrad, zum ersten Mal ... Zähle ich diese Erstmaligkeiten auf, so täusche ich mir und Ihnen natürlich auch etwas vor. Es handelt sich hier nicht nur um strahlende Erlebnisse, sondern ebenso um Schrecken und Niederlagen. Aber auch sie zum ersten Mal.

Was für eine Herausforderung für den Schriftsteller! Er kann mit denen, die er beschreibt und für die er schreibt, immer von neuem die Kontinente der Gefühle und Erfahrungen erkunden. Das heißt: Wir Erwachsenen sind zwar längst in der Wiederholung verfangen, können gar nicht mehr davon absehen, Erfahrungen zu vergleichen und müssen dennoch erzählend auf den Kern kommen. Auf den Anfang. Damit wird nichts beschönigt. Denn der erste Schmerz, die erste Enttäuschung, der erste Streit mit der Mutter, dem Vater, die erste Strafe und die erste Trauer sind so stark, gehen meist so tief, daß wir sie unser ganzes Leben nicht verwinden, allenfalls verdrängen. So wie auch die Erinnerung an die erste Liebe, den ersten Freund, die erste große Trennung von zuhause.

Woraus auch klar wird, daß nicht ein Thema ausgespart zu werden braucht. Es kann thematisch keine Tabus in der Literatur für Kinder geben. Auch das hat wieder mit dem Anfang zu tun. Denn alle diese Anfänge suchen nach ihrer Sprache, wünschen ihre Sprache. Erinnern Sie sich an Bertuchs Qualitätskatalog? Wirklichkeitsgetreu und gleichwohl phantasievoll. Anschaulich auf alle Fälle, aber auch voller Anspruch. Voller realer Zumutungen an Verstand und Imagination. Also Sprache, die sich nicht einschränkt, die vielmehr, indem sie auf alle Abstraktion verzichtet, sich voller Laune und Lust ausspielt, die, satt von Realität, den Mut hat, auch rätselhaft zu werden, auf der sich kauen läßt, die man ausspucken kann, die attackiert und wärmt, Schatten wirft und erleuchtet.

So läßt sich schreiben über Schule und Eltern, über den täglichen Kram, Freundschaft und Feindseligkeit, über Liebe und Tod, über die Spannung zwischen Generationen oder das Glück, in einen See zu springen und – zum ersten Mal hinauszuschwimmen.

Ein Poet, den ich bewundere, der die Anfänge so ausschrieb, daß die Endlosigkeit gewissermaßen zu ihrem Prinzip wurde, hat aufs Eigentümlichste zwischen Buch und Erzählung, Wörtlichkeit und Mündlichkeit unterschieden: Jean Paul. Er unterweist in

»Die unsichtbare Loge« einen Hauslehrer und stellt fest: »Abscheulich ists, daß auch schon unsere Kinder lesen und sitzen und den Steiß zur Unterlage und Basis ihrer Bildung machen sollen. Das *belehrende* Buch ersetzt ihnen den Lehrer nicht, das *belustigende* das gesündere Spielen nicht; die Dichtung ist für ein unbärtiges Alter noch zu unverständlich und ungesund; der Lehrer, der *vorlieset,* muß erbärmlich sein, wenn er nicht weit nachdrücklicher *spricht.* Kurz keine Kinderbücher!« Doch einige Absätze später fordert er: »Reden Sie ... nie zu kurz, nie allgemein, sondern sinnlich, und erzählen Sie so ausführlich wie Voss seine Idyllen.«

Genaugenommen habe ich mich in Jean Pauls Widerspruch eingenistet: Was er, aus seiner Kenntnis, verächtlich über Kinderbücher äußert, unterstreiche ich ebenso wie seine knappe Eloge aufs Erzählen und deren angegebenes Qualitätsmaß. Sicher würde mir Voss nicht unbedingt einfallen. Aber sei's drum. Hier werden Sinnlichkeit und Anschaulichkeit vom Erzähler gefordert.

II.

Die Kinderliteratur ist besonders anfällig für Moden. Auf Moden wiederum setzen Didaktiker, Theologen, Ideologen. Für alle Denkweisen und Spielarten hat es Zielbilder gegeben: Das fromme Kind, das brave Kind, das gefügige Kind, das gelehrige Kind, das uniformierte Kind, das politisierte Kind. Da öffnet sich Literatur nicht zur Welt, sondern verengt sich zur Zelle, in der Phantasie und Denken eingesperrt werden.

In der deutschen Literatur für Kinder läßt sich chronologisch ein Beispiel nach dem andern aufführen. Die Kinder sollen durch Literatur, wenn's eine ist, dressiert, domestiziert, gefügig gemacht werden. Früh wird das Häkchen, das lesende Häkchen, gekrümmt.

Was ich hier in Schlagworten zusammenfasse, ist nichts anderes als unsere Geschichte als Alptraum: die Kinderliteratur der Aufklärung und der Gegenaufklärung, der katholischen, der evangelischen Frömmigkeitslehre, des Biedermeier, der wilhelminischen Vatergesinnung, der zweiten Aufklärung, des Jahrhunderts des Kindes, der Sachlichkeit, des Nationalsozialismus, der Vielfalt, des Marxismus, der antiautoritären Bewegung, des Realismus, der Fantasy, der neuen Innerlichkeit. Und das sind längst nicht alle modischen Reflexe und Moden, die sich in oft miserabler Literatur niederschlugen.

Unbezweifelbar reflektiert jede Literatur die mentalen oder sozialen Veränderungen der Gesellschaft, in der sie entsteht. Aber ein Signum für ihre Qualität, ihre Haltbarkeit ist nicht ihre Nachgiebigkeit, vielmehr ihr Widerstand. Ein Pro läßt sich allemal hurtig formulieren, und auf den Beifall muß kaum gewartet werden. Eine leise und bestimmte Entgegnung bringt fürs erste nicht die allgemeine Zustimmung ein. Um so dauerhafter kann der Nachhall sein.

Allein die Wandlungen des erzählten Familienbildes im Laufe von knapp zwei Jahrhunderten verblüffen, stimmen mehr als nachdenklich und können auch erzürnen. Ich meine hier das »Bild der deutschen Familie«: von Ludwig Richter, Christoph von Schmid bis auf den Tag. Zu Beginn gehören noch drei Generationen zusammen. Zu Beginn regieren die Väter neben den oft ins Hexenhafte geratenden Großmüttern und Muhmen, dann – es ist ein wilder deutscher Dreisprung, den ich wage – erscheint die blonde Heldenfamilie, in der Vater und Mutter gleichberechtigt dem Volke dienen (der eine unterm Ritter-, die andere unterm Mutterkreuz), und schließlich tritt die alleinerziehende Mutter auf.

Übertreibe ich? Wenn es mir nur gelänge. Für Übertreibung sorgen die Zeitströmungen, die politischen Ausrichtungen, die sozialen Entwicklungen. Das alles bündelt sich. Wen wundert es dann noch, wenn, wie erst unlängst auf einer Tagung über Kinderliteratur von einer angesehenen und kundigen Professorin angemerkt wurde, es gäbe noch viel zu wenig Kinderbücher über alleinerziehende Mütter. Nein, hier wird kein Befehl gegeben. Das nicht. Aber ein Vorschlag ist's eben schon. Im übrigen einer, der wenig erinnert. Von solchen Müttern wird nämlich nicht erst seit gestern erzählt, sondern seit eh und je, und nicht wenige Bücher von Christine Nöstlinger oder auch von mir setzen sich mit dieser Existenzweise auseinander. Allerdings vermeiden wir, ein Ideologem daraus zu machen. Plötzlich wird die alleinerziehende Mutter zum Inbild der sich befreienden Frau. Kann das sein? Natürlich bleibt als Schluß danach nichts anderes übrig, den schreibenden Männern die »Sehnsucht nach dem überkommenen Familienbild« als ein lächerliches Restgefühl zu attestieren.

Eine polemische Anmerkung wie diese kann mißverstanden werden. Das nehme ich in Kauf. Ich denke nämlich nicht daran, antifeministisch zu argumentieren. Ich setze mich bloß nachdrücklich für die Beweglichkeit, die Offenheit der Literatur ein und verwahre mich gegen jede Form einer Engführung, einer Einschränkung – sei es thematisch, sei es sprachlich. Wie rasch kann das Kinderbuch zum Traktat verkommen, der Autor zum Medium für Moden.

Mich werden Sie unter den Vertretern und Verfechtern einer solchen Krüppelpoesie vergeblich suchen. Die Landschaft der Literatur kennt solche Grenzen nicht, allenfalls die der Phantasie und der Menschlichkeit.

III.

1902 erschien bei S. Fischer in Berlin ein Buch, das thesenhaft unser Saeculum eröffnen wollte. »Das Jahrhundert des Kindes« der schwedischen Schriftstellerin Ellen Key. Der Titel gleicht einem Fanfarenstoß. Frau Key, mitgerissen, aber keineswegs mitgenommen von dem mehr und mehr ins Tempo geratenen industriellen Fortschritt, glaubt eine Chance für das Kind zu sehen.

Sie hofft, daß es befreit wird zu sich selbst. Nicht mehr behandelt wird als unvernünftiger Erwachsener, als anfällige, doch willige Arbeitskraft, als Aktie für die Familienzukunft. Ihr ist klar, daß diese Befreiung nicht zuletzt von den Frauen abhängen wird, ihrem Selbstverständnis, ihrer sozialen Selbsterklärung. Viele von Ellen Keys Entwürfen nehmen sich heute skurril aus, sind längst überholt. Eindrucksvoll bleibt ihre Insistenz auf Individualität. Sie ahnt, daß eine verordnete Solidarität zu bösartiger Nivellierung, zu Massenwahn und Denunziantentum führt. Abstrakte Begriffe jeglicher Art, die nicht erfüllt, erwärmt sind von individuellem Denken, schaden der menschlichen Entwicklung und Bildung. Sogar »die Schule« als abstrakte Idee ist ihr nicht geheuer. Wenn sie sich über Schulwesen äußert, meint sie freilich mehr als nur das: »Solange die Schule eine Idee repräsentieren, einen abstrakten Begriff bilden soll, sowie die ›Familie‹, der ›Staat‹ usw., so lange wird sie – ganz wie die Familie und der Staat – die denselben angehörigen Individuen unterdrücken. Erst wenn man einsieht, daß die Schule ebensowenig wie ›die Familie‹ und ›der Staat‹ eine höhere Idee oder etwas Größeres repräsentiert, als gerade die Anzahl der Individuen, aus denen sie gebildet wird, und daß sie – ebensowenig wie die Familie und der Staat – eine andere ›Pflicht‹, ein anderes ›Recht‹ oder eine andere ›Aufgabe‹ hat, als jedem einzelnen dieser Individuen so viel Entwicklung und Glück als möglich zu schaffen.«

Den Kindern wurde, entgegen der Hoffnung Ellen Keys, *ihr* Jahrhundert verdorben und entzogen. Wahrscheinlich hat sich noch nie eine Epoche so an Kindern vergangen wie die unsere. Noch nie wurden Kinder so verhätschelt und gefoltert zugleich. Noch nie wurden sie so gedrillt und mißbraucht, haben so viel erfahren und lernen müssen wie in den letzten neunzig Jahren. Sie sind in Entwicklungen hineingestürzt, die sie berauschten und ihr Lebensgefühl steigerten. Zumindest die Kinder in Europa, in den Vereinigten Staaten. Sie ließen sich von der Technik ebenso verzaubern wie von der Technologie, vom Motor ebenso wie vom Computer, von der Geschwindigkeit ebenso wie vom Höhenrausch, von der Lust an rascher Information, am Überfluß gesendeter Bilder ebenso wie von der Ausdehnung des Weltbildes bis in die Galaxie hinein. Reihe ich diese Neuigkeiten aneinander, könnte es den Anschein haben, als sei ein neuer Mensch entstanden. Der Mensch des zwanzigsten Jahrhunderts. Der Mensch jenseits der industriellen Revolution. Welch ein Irrtum. Die bewegten Bilder auf den Fernsehschirmen führen es uns aufs Grausamste vor. Viel zu oft zeigen sie Kinder, die eben vom Krieg ausgespien wurden, verbrannt, mit blinden Augen, elternlos, oder sie zeigen ausgedörrte Menschlein in den Armen ihrer Mutter, kurz vorm Hungertod. Sie zeigen Waisen auf der Flucht. Sie zeigen, zeigen – was soll ich in diesem Katalog, in diesem Buch des Schreckens weiter blättern. Sie kennen es. Wir verdrängen es.

Ich lebe, denke, schreibe hier in der Mitte Europas. Ich bin ein Eurozentriker. So sehr mir die Bilder aus der andern Welt nachgehen, bis in den Traum. Doch ich beginne zu begreifen, daß mich meine Kultur, mein Wohlstand, mein schlechtes Gewissen bald nicht mehr schützen werden vor dem Zustrom hungernder und hoffender Fremder. So kann ich vorerst nur meine Fremde an der ihren messen und einsehen, daß der oft fahrlässige Wohlstand, in dem wir leben, längst einen ungeheuren Sog auf die Ärmeren ausübt. Ich fange an zu ahnen (auch zu fürchten), daß meine Phantasie tatsächlich an eine Grenze gerät, die ich mir allerdings nicht ziehe und die mir nicht von irgendwelchen Theoretikern gezogen wird, sondern allein von einer sich rapide verändernden Wirklichkeit.

Was maße ich mir an, wenn ich vom Anspruch der Kinderliteratur spreche? Wie viele jener Kinder, die im Augenblick rund um die Erde auf der Flucht sind, sich müd und hungrig an ihre

Mutter klammern, wie viele von ihnen werden je die Gelegenheit haben, ein Wort zu lesen, ein Buch aufzuschlagen, einen Traum zu schreiben?

Soll mich das entmutigen? Nein, nicht um der Kinder willen, die das Glück haben, ihre Phantasie, ihre Ängste und Zuversichten in Geschichten wiederzufinden und sie für sich weiter zu erzählen. Ich kann ihre Aufbrüche beschreiben und ihre Rückfälle. Ich kann erzählen, wie ein Zusammenleben immer von neuem ausprobiert wird, damit es lebendig bleibt. Und wie wir überleben, indem wir uns weitersprechen. Immer weiter, bis in alle Zukunft, die unsere Sprache noch nicht kennt.

1991

Rede für Josef Holub

Manchmal – und das sind illuminierte Momente in unserem Leben – werden unvermutet Stimmen laut, die in unserem Gedächtnis Räume öffnen. Gegenden, Landschaften, Städte, bevölkert von längst Vergessenen, werden in einer Deutlichkeit sichtbar, die gleichermaßen entzückt wie schmerzt. Zwei Bubenstimmen, unverwechselbar in ihrem Tonfall, sorgten dafür, daß ich mich in meine Kinderzeit verlor. Ich las das Manuskript des »Roten Nepomuk«. Könnte eine der Bubenstimmen nicht auch die meine sein? fragte ich mich. Sicher, die erzählte Landschaft gleicht nicht der meinen, und mein Fluß floß anders. Meiner hieß March, und mein Spielgelände war der »Ausfall«, ein verwunschener, Park und Wildnis verbündender grüner Streifen unter der Olmützer Stadtmauer. Stimmen – nah sind sie, gehen unter die Haut und ins Gemüt, zwei Sätze danach entfernen sie sich wieder, in diesem unendlichen Raum der Erinnerung.

Ich las und mischte mich ein, setzte diese Erzählung einer Bubenfreundschaft fort in meine Zeit. Da wurden die Deutschen nicht mehr erwartet – von den Tschechen voller Angst, von den meisten Deutschen mit Triumph –, sondern sie waren schon einmarschiert, und Hitler hatte die noch junge tschechoslowakische Republik geteilt in ein Protektorat Böhmen und Mähren und in eine scheinautonome Slowakei.

Ich kam nicht fremd nach Brünn, nach Olmütz. Mein Vater war hier zu Hause, eine seiner Schwestern hatte einen Tschechen zum Mann. Nur die Stimmung hatte sich verändert. Dort, wo die Geschichte von Jirschi und Pepitschek endet, erzähle ich meine weiter.

Daß die Wirklichkeit, in der ich mich als Zehnjähriger neugierig und auftrumpfend bewegte, nur ein enger und unteilbarer Ausschnitt blieb, erfuhr ich erst viel später. Zwar störten meine tschechischen Verwandten, vor allem Onkel Beppo, das martialische Getöse meiner Kinderwelt, in der deutsch gesprochen, gesungen und gesiegt wurde, mit leisen, spöttisch korrigierenden Einwürfen, und es gab die Babitschka, Onkel Beppos Mutter, die ich liebte, deren Nähe ich suchte und die mich, wenn sie traurig wurde über die »Umstände«, ein wenig verwirrte und beunruhigte. Doch es waren die lauten Parolen, die meinen Kopf besetzt hielten. Ich begriff ihre mörderische Kraft nicht, im Gegensatz zu meinem Vater, der mich allein dadurch verdroß, daß er als einer der wenigen Deutschen Zivil trug, bis er, verspätet und krank, zur Wehrmacht eingezogen wurde.

Wir wissen, wie diese von Männermachtträumen beherrschte Kindergegend aufhörte zu existieren – in Krieg, Verwüstung, Flucht, Vertreibung. Gerechtigkeit und Ungerechtigkeit verbissen sich ineinander wie zwei Wölfe. Die Geschichte, die veränderte und verändernde, hat viel aus dem allgemeinen Gedächtnis gelöscht.

Und nun reden zwei Buben auf mich ein. Was weiß ich, was sie nach Ihrem Buch einander angetan haben, wie sie sich fremd wurden, aus dem Blick verloren.

Ich kann Ihnen, beinahe fünfzig Jahre verspätet, antworten, meine Kinderwelt erweitern, Erfahrungen nachtragen.

Vor ein paar Monaten reiste ich zum ersten Mal seit achtundvierzig Jahren nach Olmütz. Eingeladen von der Universität, dort zu lesen und zu diskutieren. Olomouc, meine Kinderstadt, empfing mich, als könnte sie die Jahre tilgen, scheinbar, denn die Häuser standen unversehrt an ihrer Stelle, die Straßen waren nicht neu gezogen worden – nur die Wassergasse, unterm Stein verschwunden –, und selbst das Schild, das auf dem Domberg an Mozarts Aufenthalt erinnerte, gab es wie ehedem. Lief ich in einen Wachtraum hinein? War es der schiere Zufall, daß der Erzbischof zum Essen einlud, uns durch seinen Palast führte wie ein aufgewecktes Kind, das mit der Geschichte spielt: Hier, in diesem Saal, auf diesem hohen Sessel, ist Kaiser Franz Joseph gekrönt worden.

Aus den Fenstern des Palastes konnte ich hinuntersehen auf das grüne Revier, in dem ich einst spielte, auf den »Ausfall«.

Ich schaue und erinnere nicht allein. Ich werde begleitet von zwei mir damals unsichtbaren Spielgefährten. Der eine ist heute Dekan der Philosophischen Fakultät der Universität, gleich alt wie ich. Jahrelang hatte er, ein über die Grenzen seines Landes hinaus geschätzter Gelehrter, nur vier Stunden in einem entlegenen Archiv arbeiten dürfen. Seine Kollegin, die mit uns erinnert, hat ihm gelegentlich für seine Aufsätze ihren Namen geliehen. Erst die »sanfte Revolution« bestätigte sie in ihrer Stellung, ihrer Arbeit.

Wir sind gleich alt, er, der Tscheche, sie, die Jüdin, ich, der Deutsche. In dem Augenblick erkunden wir ein und denselben wunderbaren Spielgrund und wissen dennoch, erinnernd, nichts voneinander, sind heillos verletzt voneinander getrennt.

Ihm war als Tscheche verboten, das Abitur zu machen, zu studieren. Die deutschen Kinder haben uns gemieden, sagt er, und wir sie. Unsere Schulen lagen an der Peripherie. Nicht so zentral wie ihr Gymnasium, sagt er. Und freut sich, daß ich es mit ihm, doch ohne seine Hilfe, wiederfinde. Heute ist da ein Universitätsinstitut untergebracht. Und ich, fügt die Professorin leise hinzu, habe gar nicht mehr auf die Schule gehen können. In dem Ausfall habe sie nie gespielt, das wäre ihr gar nicht in den Sinn gekommen. Sie habe versteckt leben müssen.

Drei Kindheiten. Drei Distanzen. Drei nachgetragene Schmerzen, die wir Erfahrung nennen. Zur selben Zeit verbrachten wir Kinderjahre in ein und derselben Stadt, doch die Zeit hat drei Ansichten und drei Aussichten.

Jetzt, am späten Abend, spazieren wir gemeinsam durch den noch immer unvergleichlich kunstvoll verwilderten Park unter der Stadtmauer und berühren uns manchmal vorsichtig in Ausrufen. Ein bissel, sag ich, hab ich zurückgefunden.

Lassen Sie sich nicht bitten, sagt der Professor.

Ich habe Ihnen noch viel zu erzählen, verspricht die Professorin. Ich sehe sie, mich von ihnen entfernend, wie auf einer Schwelle.

Lieber Josef Holub, in das alles redet Ihr Buch hinein – ein Buch, auch für Kinder, ein Kindheitsbuch. Als ich es las, zum ersten Mal, dachte ich an die Prager Jugenderinnerungen des bedeutenden Sprachforschers Fritz Mauthner. Er gibt darin, lange vor Hitler, sich und uns genau Bescheid: Tschechen, Juden und Deutsche, resümiert er, kämen allenfalls zusammen in Interessen: für Freiheit, für Menschen, für Kunst. Doch ebendiese Interessen könnten durch Chauvinismus und Egoismus verdorben werden.

Mitteleuropa plagt sich noch im Nachklang Habsburgs mit seiner vielstimmig, vielsprachig memorierten Geschichte. Sie hat uns auseinandergerissen, und es fragt sich, wie tief Verwundete wieder zueinander finden können. Nur, wenn alles erzählt wird, wenn wir die Einzelnen aufrufen und auftreten lassen: Spielende, Liebende, Leidende, Mörder, Verfolgte, Gefolterte. Und wenn wir einander zuhören, im Schutz des »Roten Nepomuk«, der uns bewahren soll vor neuem Unheil, vor mörderischen Vorurteilen. vor »ethnischer Bereinigung«.

Vor sechzig Jahren brannten hier, in unserem Land, auf Scheiterhaufen die Bücher. In Ritualen, die Namen der Autoren und Werke rufend, wurden sie vom braunen Pöbel »den Flammen übergeben«. Pöbel? Wir wissen es besser. Es waren neben SA-Leuten Professoren, Lehrer, Studenten, die eifernd ihrem Haß nachgaben. Endlich konnten sie die Erfolgreichen, die Glänzenden, die Klügeren, die Reicheren sich und dem Land austreiben. Ein Menetekel. Die feuernde Schrift an der Wand wird nie erlöschen.

Uns beide, lieber Josef Holub, verbindet die Erinnerung an Gegenden, die es so nicht mehr gibt. Vieles hat sich verändert, ging verloren. Manches findet sich neu und von neuem.

Wir sind reiche Beraubte, Josef Holub – und etwas von der Fülle und vom Verlust erzählt Ihr Buch, das ich las, wie ein Kind, wie einer der beiden Buben, egal welcher. Haben Sie Dank für Ihr belebendes Gedächtnis. Meinen Glückwunsch.

1993

Wende im Kinderbuch

Vor zwölf Jahren wurde dieser Preis vom Verlag Beltz & Gelberg gestiftet und mir zum fünfzigsten Geburtstag gewidmet. Die Stadt Weinheim entschloß sich danach, ihn finanziell zu tragen. Verliehen wird er alle zwei Jahre an ein Manuskript, das der realistischen Literatur für Kinder verpflichtet sein soll und von einer Jury ausgewählt wird, der ich mit Vergnügen angehöre. Vergeben wird der Preis auch in Erinnerung an einen Tag, der uns alle, die wir von und mit Büchern leben, schmerzt: Im Mai 1933 brannten die Bücher deutscher Schriftsteller auf den Scheiterhaufen. Es war ein Zeichen für die Mordbrenner Hitlers, den Büchern Menschen folgen zu lassen.

Zwölf Jahre nach diesem Mai lag Europa in Trümmern. Hitler war besiegt und die Bücher, die einst brannten, erzählten uns, was uns für immer verloren schien. Begierig lernten wir lesend ein anderes, neues Leben. Die Autoren der Bücher hingegen kehrten, wenn sie überlebt hatten, nur zögernd in das verwüstete Land zurück. Viele waren von den Nazis umgebracht worden, auf der Flucht erschöpft gestorben, hatten sich das Leben genommen oder waren im Exil vergessen worden.

Ich erinnere nicht nur an diesen doppelten deutschen Mai, weil wir derzeit aus allen Medien erfahren, wie der Krieg vor fünfzig Jahren zu Ende ging – davon habe ich selber schon erzählt. Nein, es geht mir darum, daß wir uns in einem merklich veränderten Raum erinnern, einem vereinten Deutschland, und daß sich die Art und Weise unseres Erinnerns zu verändern beginnt. Das läßt sich nur in einer Philippika beschreiben, in Sätzen, in denen die Zuversicht nicht ganz vom Zorn verdrängt wird, die Einsicht nicht ganz vom Trend.

Vor fünfzig Jahren marschierten die Alliierten nicht nur in ein ruiniertes Land ein, sie entdeckten die Konzentrationslager, befreiten die Davongekommenen, Schatten, die eine von Rassismus und Vorurteilen geregelte Mordlust hinterlassen hatte. Besiegt und befreit – Niederlage oder Befreiung? Da spitzt sich eine Auseinandersetzung zu, die nicht erst begann, als die Mauer fiel. Die sich danach aber verschärfte. Ich meine nicht die über das Zusammenwachsen zweier Deutschlande, das bei weitem komplizierter vor sich geht, als die von der Entwicklung überrumpelten Politiker annahmen. Ich meine den Wegfall einer längst geschichtsfest gewordenen Konfrontation zwischen Kommunismus und Kapitalismus, die durch nichts zu ersetzen ist als durch den Triumph eines Systems, das keines ist. Die Demokratie der westlichen Länder hat sich in ihren besten Zeiten stets als eine von Land zu Land unterschiedlich praktizierte Lebensform erwiesen. Die Bundesdeutschen haben die Demokratie unter Anleitung der Amerikaner, Engländer und Franzosen eingeübt. Sie wurden erst einmal entnazifiziert. Der Vorgang glich dem Entlausen. War man aus der Baracke, sprich: der Spruchkammer raus, galt man als »clean«. Für alle Verdränger ein ungewöhnlich günstiges Verfahren. So stand die allgemeine Metamorphose am Anfang der Republik: Aus unerbittlichen Anhängern Hitlers wurden fromme Christen und patente Demokraten. Nicht ein einziger Nazirichter wurde wegen mörderischer Urteile angeklagt. Im Gegenteil: die Juristen versichern bis heute – und zwar die höchsten Richter unseres Staates –, daß das Recht der Nazis zu seiner Zeit ebenso Gültigkeit gehabt habe wie das nun unterm Schutz unseres Grundgesetzes gesprochene Recht. Zwar wird die Schändlichkeit nicht bestritten, doch ebensowenig ihre Legalität.

Nun aber, nach der Wende, richten die besseren über die schlechteren Deutschen, die Altverdränger über die Neuverdränger, und eine der schrecklichen Richterinnen der DDR kann heute verurteilt werden, ohne daß die traurige Geschichte unserer Gemeinsamkeit bedacht wird. Sie wird womöglich verurteilt von denselben Richtern, die geschützt wurden vom Bundesgericht, das offenbar politische Justiz mit zweierlei Maß mißt. Dies ist nur ein Beispiel *einer* ungleichen Verdrängung, die das Übel in der zweifachen Geschichte unseres Landes nicht besser macht, die überdies an der Klimaveränderung, die mich plagt, teilhat.

Aus der Unfähigkeit, eine ungleiche Geschichte auszuhalten, zu erkennen und allmählich zusammenzufügen, erwächst ein Selbstbewußtsein, dem der Grund fehlt. Um so heftiger brüstet man sich, erzählt wieder einmal Geschichte zugunsten der Deutschen um, rechnet auf, trägt den anderen Nationen nach, vergleicht Unvergleichbares, wie die Untaten des Nationalsozialismus mit denen des Kommunismus, und nähert sich allmählich, doch keineswegs vorsichtig, einem Bild des Deutschen, das schon den großen Fontane verstörte, aber offenbar für manche wieder Inbildqualität hat. Die guten alten Werte des deutschen Nationalismus werden wieder angeboten: die Ehre ebenso wie das Soldatische, die stille Größe ebenso wie das nationale Reinheitsgebot, das verschämt den Rassismus noch ausläßt, und nicht zu vergessen die deutsche Grenzenlosigkeit.

Auffallend an dieser von manchem Leitartikler entweder abgewiegelten oder beschönigten Entwicklung ist im Gegensatz zu einst die Trennung zwischen Intellektuellen und Pöbel. Die verrohten Kinder unseres Wohlstands, die, wenn überhaupt, platten faschistischen Parolen folgen, wenn sie Asylanten und ausländischen Bürgern das Dach über dem Kopf anzünden, haben nichts gemein mit dem intellektuell gesponnenen nationalistischen Feinsinn. Überhaupt nichts. Überhaupt nichts?

Sicher, diese Klimakarte unseres Landes ist vereinfacht. Es fehlen sehr viele Einzelheiten. Aber wie anders kann ich uns das Fürchten lehren. Und wie könnte ich ohne diesen Hintergrund von dem sprechen, was mich seit Jahrzehnten stets von neuem unter immer anderen Auspizien beschäftigt: die Kinder und ihre Bücher.

Die Kinderliteratur reagiert – das ist eine vielfach bestätigte Erfahrung – empfindlich und rasch auf Trends, auf Moden. Ob realistische Literatur, ob Fantasy, ob schnelle Titel zu bestimmten Daten oder ob das Thema der alleinerziehenden Mutter – nichts bleibt unbeantwortet. Allerdings fallen die Antworten oft unbefriedigend aus. Nicht Literatur gilt, sondern das günstige Angebot und der hurtige Verbrauch. Das wird sich nicht ändern lassen. Dagegen kann man nur Beharrlichkeit setzen und eine definierte Vorstellung von Literatur. Je ernsthafter und entschiedener wir diese Literatur betreiben, um so größer könnte auch ihre Wirkung sein. Eine Wirkung gegen alle jene, die die Kinderliteratur verächtlich kleinreden oder ausschließlich an einen fabelhaften Absatz denken.

Denn wenn es eine Literatur gibt, die gegenwärtig den Entwurf sich leisten kann, nein: sich leisten muß, ist es die für Kinder. Unsere Auguren haben der Poesie wie der Politik verordnet, von der Utopie zu lassen. Die Genügsamen sind entzückt von der Gegenwart. Jetzt und hier werden Erfolge genossen. Über die Zukunft sollen sich allenfalls Ökologen den Kopf zerbrechen, freilich ohne die Tagesgeschäfte zu stören. Die Gegenwart muß sich auszahlen. Da sie mit Glanz und Gloria ausgebeutet wird, fürchten die Hüter des Heute nichts mehr als die Zukunft. Sogar auf Konferenzen, die dem Fortbestand unserer Erde gelten, streiten die Delegierten der Länder und Kontinente nur über die Gewinne und Verluste des Jetzt. Ihre Furcht vor einer von uns beschädigten Zukunft ist so übermächtig, daß sie jeglichen Entwurf von vornherein unterlassen. Dabei geht es keineswegs bloß um Ozonlöcher, steigende Wasser, wachsende Wüsten, sondern um die nie ausgeschöpften und nur unzulänglich ausprobierten Möglichkeiten des menschlichen Zusammenlebens und um eine Verfeinerung, eine Sensibilisierung unserer schöpferischen Phantasie.

Utopie will ja nicht das absolut Neue, das noch nicht Vorhandene. Ein jeglicher Entwurf hat seinen Grund und seine Erfahrung. Allein die Frage, ob die weltweit immer rasendere – dabei auch verkürzende – Information nicht die Neugier auf den Andern lähmt, könnte das entwerfen, was wir bitter nötig haben: die vorurteilslose Aufmerksamkeit für den Andern.

Für Kinder läßt sich das erzählen. Ihre Welt, die in der von den Erwachsenen gepachteten Welt steckt. Kinder haben keine Vorurteile, und die Urteile werden ihnen erst gemacht. Nicht von den Dichtern, sondern von denen, die scheinbar erfolgreich die Gegenwart besetzen. Ihnen ist es gleich, ob ihre Kinder im Erfolg verwahrlosen, ob sie sich, um den Erwartungen der Gegenwartssüchtigen zu entsprechen, die Ellenbogen polieren. Der Tag, nur der Tag, gibt ihnen recht. Und die Parolen des Tags wachsen sich mörderisch aus, sobald das Wohlbefinden fehlt. Sie heißen dann: ethnische Säuberung, Fundamentalismus, Nationalismus, Rassismus. Es sind Bewegungen, die jegliche Zukunft verhöhnen und die den Kindern die Kindheit rauben.

Den Kindern wird ein Bild gemacht, das fast nur noch von Mord und Totschlag bestimmt ist. Für die Kinder sieht es auf dem Bildschirm so aus, als ob die Erwachsenen, wenn sie sich zu mehreren streiten, unverzüglich Krieg führen müssen. Und auch ein kleiner Zwist kann mit einem Toten enden. Es ist selbstverständlich geworden, den Fremden oder den fremdgewordenen Nachbarn zu schlagen, zu foltern, zu verhöhnen, zu ermorden. Gewalt bricht aus wie ein Fieber, eine Krankheit. Den Kindern bleibt, umstellt von solchen Bildern, die ihnen keine Frage erlauben – wie überhaupt sich unsere Medienwelt durch Fraglosigkeit auszeichnet –, den Kindern bleibt kaum etwas anderes übrig, als sich frühzeitig in Gewalt zu üben: auf dem Schulhof, im Schulbus, auf der Straße. Und wer ihnen dann noch Kommandoworte in den Kopf pflanzt, die der Gewalt einen scheinideologischen Grund geben, hat es mit ihnen leicht.

Es gibt ein Gegenmittel! Das Buch! Die Literatur! Die rettende Phantasie! Bücher fassen die Welt nicht in Bildern platt zusammen, sie blättern sie in ungezählten Einzelheiten auf. Natürlich erzählen sie auch von Krieg, von Mord und Totschlag. Aber sie regen, weil der Leser sich selber ein Bild machen muß, zum Denken an, zum Nachdenken. Erzählte Konflikte können sogar in ihrer ärgsten Ausweglosigkeit eine Lösung ahnen lassen – durch das Echo im Leser. Ich wünsche mir gerade jetzt eine Literatur für Kinder, in der Gewalt und Unverständnis nicht ausgespart werden – nur sollte sie nie ohne einen Rand von Aufbruch, von Frieden auskommen. Wie wichtig sind Geschichten, die witzig und beherzt von dem erzählen, was uns alle, Kinder und Erwachsene, plagt und beglückt: Liebe und Haß, Urteil und Vorurteil, Fremde und Nähe, Üppigkeit und Not, Wärme und Kälte.

Ich wünsche mir diese Literatur auch darum so entschieden, weil ich mit Erschrecken eine Fluchtbewegung erkenne, die den Wohlstandseltern und -kindern durchaus behagt: in eine Literatur, die keineswegs schön ist, nur beschönigt, die Altes aufwärmt und in scheinbar kostbaren Häppchen schmackhaft macht, die das wertvolle Äußere des Buches mit dem Inhalt verwechselt, der gar nicht mehr von Bedeutung ist.

Angesichts der wachsenden Gleichgültigkeit der Menschen gegen die Menschen frage ich mich, ob die Zuversicht, der ich das Wort rede, die den Entwurf braucht wie die Atemluft, nicht geradezu kindlich ist. Wenn schon! Sie kennzeichnet die Wende, die ich meine. Den Anfang! Den Aufbruch aus einer Gegenwart, die uns als Zukünftige entmündigt hat. Den Aufbruch zu einem Menschenbild, das nicht unbedingt besser und edler sein will, sondern offener und wagemutiger. Darum macht es mir auch Mut, daß heute ein Buch ausgezeichnet wird – »Ein Schmetterling aus Surinam« von Ingrid Möller –, das leise und anschaulich von einem Aufbruch erzählt.

Die Literatur für Kinder braucht mehr denn je die erzählte

Brücke zwischen dem, was gewesen ist – was Kinder nur dann begreifen, wenn Geschichte sich verkörpert, wenn sie sichtbar wird im Handeln und Fühlen eines Menschen-Kindes –, und dem, was sein wird. Diese Zukunft will erfahren sein. Das kann nur geschehen, wenn wir, wie die Kinder, die Gegenwart aus Neugier und Hoffnung, mit Phantasie und Verwegenheit ständig nach vorn öffnen, wenn wir uns nicht den vielfältigen Reizen des Jetzt hingeben, aus Furcht vor einem Morgen, das ohnehin durch unsere Präsenz erstickt wird. Die Kinderhoffnung kennt ebensowenig Vergleiche wie die Kinderangst. Es ist die *erste* Hoffnung und die *erste* Angst. Erst später, erwachsen geworden, vergleichen wir Hoffnungen und Ängste. Etwas von der elementaren Kraft der Erstmaligkeit sollten wir uns bewahren – für die Literatur, fürs Leben. Fürs Überleben.

1995

Ein paar Sätze für Anfänger

Rede zum 25. Geburtstag von Beltz & Gelberg

Auf eine detaillierte Anrede, meine Lieben, kann ich verzichten,
denn ich müßte, bei solch einem Geburtstag, jede und jeden ein-
zeln begrüßen, die Büchermacher und die Bücherschreiber, denn
was heißt schon »Der Verlag« – er wäre nichts ohne uns. Wenn
ich dennoch zuerst von einem spreche, hat es mit dem Anfang zu
tun. Denn er kann nämlich nicht aufhören, weil er immer wieder
anfangen muß. Ich spreche von meinem Freund Jochen Gelberg.
Da wir beide Liebhaber von Anfängen sind, Anfänge brauchen
wie ein tiefes Atemholen, fallen mir auch gleich die Turbulenzen,
die schönen Unruhen des Anfangs vor 25 Jahren ein.

Das ist lange her und doch nicht. Auf alle Fälle gab es seither
eine Unzahl von Anfängen.

(In Parenthese möchte ich gestehen, daß ich Fünfundzwanzig-
jährigen nicht traue. Sie sind nicht Fisch und nicht Fleisch, verdrängen ihre Kindheit, drängen aus ihrer Jugend, spielen erwachsen und sind oft so reif wie eine eben gepflückte, grüne Banane,
die den Transport noch vor sich hat. Das ist, ich gebe es zu, die
ungerechte Sottise eines alten Mannes. Darum schließe ich die
Klammer.)

Also zurück zu dem großen Anfang und den ihm folgenden
Unruhen, die noch lange kein Ende haben sollen.

Ich habe Jochen Gelberg kennengelernt, als er Lektor beim
Bitter Verlag war. Er redete, redete und überredete mich dazu,
mein erstes Buch für Kinder zu versuchen. Er sah es als Anfang
an. Ich als Gelegenheit, als einmaligen Versuch. Wonach er, was
ich damals noch nicht begriff, sich als genuiner Büchermacher,
als wahrer Verleger auswies. Er plante gleichsam für mich, begann
sanft und unnachgiebig meine Ahnungslosigkeit, meine Ignoranz

anzugreifen. Nicht, daß er meine Phantasie lenken, beeinflussen wollte – dazu liebt und respektiert er die Eigenheit und den Eigensinn der Autoren viel zu sehr –, er beunruhigte mich durch Fragen und eine fast schon renitente Präsenz, schlicht gesagt: Er ließ nach dem Anfang nicht locker. Und das, obwohl er selber unterwegs und auf der Suche war. Er suchte für sich, seine Träume, seine vorhandenen und erwünschten Autoren einen Verlag. Auch der Konzern, dem ich damals noch als Verlagsleiter diente, zeigte sein Interesse. Aber er entschied sich anders, er entschied sich für Beltz, für Manfred Beltz-Rübelmann, und er traf diese Entscheidung, behaupte ich, aus Intuition und aus Massel. Mit Glück und mit Verstand. Er traf auf einen Partner, der, wie er, es nicht lassen kann, Anfänge zu probieren.

Dieser große und gemeinsame Anfang kommt mir im nachhinein vor wie ein gewaltiger psychedelischer Rausch in Orange. Günter Stiller breitete das Orange als Signal, als Warm- und als Freudenfarbe aus: Kinder, jetzt kommen wir! Wir für Euch! Ihr seid gemeint, Ihr allein. Orange ist Eure Farbe. Die Farbe sollte halten, wenn sie inzwischen auch ein wenig zurückgenommen wurde. Sie sollte uns alle, uns Phantasten und Realisten, uns Spinner und Sperenzchenmacher, uns Träumer und Dränger, die Dichterinnen und Dichter im Rahmen halten. Einer, der, das versteht sich von selbst, nur dazu da ist, ständig aus ihm zu fallen.

Was wurde nicht alles entworfen, was nicht alles geplant. Zum Beispiel eine Zeitschrift für Teenies. Sitzungen entwickelten sich zu Brutstätten. Für Windeier auch. Was niemandem schadete, Manfred Beltz-Rübelmann allerdings Geld kostete – genaugenommen macht jeder mißratene Anfang enorme Lust auf den nächsten.

Wie wird ein Verlag? Weshalb zieht er Autoren und Leser an, warum strahlt er aus? Es gehört ja nicht nur jemand dazu, der eine Vision hat, einen Traum, einer, der nichts anderes ist als ein nimmersatter und nie ganz zufriedener Leser. Er möchte Bücher lesen, die ihm passen, die für ihn gut sind. Und schon deshalb für andere, für alle gut sein werden. Also geht der Büchermacher auf Suche nach Autorinnen und Autoren, die seinen keineswegs immer deutlichen Vorstellungen entsprechen. Die aussprechen, erzählen, was er sich wünscht. Und er wiederum wünscht ihnen die Wünsche von Lesern. Er muß ein Gespür für Erwartungen und Trends haben, für das, was in der Luft liegt. Ein empfindliches Instrument, das die Wörter und Bilderströme mehr als nur ahnt. Und der intuitiv begreift, wen er ansprechen und für seinen Verlag einfangen soll.

Stiller war ein solcher Anfangsfang. Sicher haben später viele zur Entwicklung und Veränderung des Verlagsbildes beigetragen. Die Grundzüge sind nicht zuletzt ihm zu verdanken. Der Verleger und sein Ausstatter wagten außerordentlich viel. Es deutete sich ein Gehäuse an, ein luftiger Bau für Spiele, Ideen, für Wanderwörter und suchende Sätze. Orange illuminiert!

Alle, die damals schon mitmachten, beteiligt waren, werden die besondere Stimmung nicht vergessen haben. Es war nicht nur ein Anfang, es war ein Aufbruch. Um den neuen Verlag ging es zwar vordergründig, doch die Zeit redete heftig mit: Mit ihrer Unruhe, ihren utopischen Gestikulationen, ihren Hoffnungen, die marxistisch, maoistisch, rousseauisch eingefärbt waren, und wenn wir schon zu spät kommen sollten, so schickten wir in Gedanken unsere Kinder aus, die »Heimat zu finden, in der wir noch nicht sind«. Diese blochschen Märchensätze hallen nach. »Was uns allen in die Kindheit scheint ...« Eben.

Das ist ein Vierteljahrhundert her. Dem Aufbruch folgt, normalisierend, Wende und Katzenjammer. Den Glauben an die Wandlungsfähigkeit und Besserungsfähigkeit des Menschen folgten Kleingläubigkeit und der Zynismus der Erfolgreichen. Die erschöpfte Moderne macht der laschen Postmoderne Platz.

Dies alles fand sein Echo auch in der Literatur für Kinder. Keine Nein- und keine Ja-Bücher mehr, keine anarchistischen Stöpsel, sondern, zum Beispiel, Fluchten und Ausfluchten in Phantasiegegenden. Wie kann es anders sein. Die meisten Autorinnen und Autoren des Beltz & Gelberg Verlages gehören freilich nicht zu den Wetterwendischen, sondern, mit ihrem Verleger und seinen Mitarbeitern, zu denen – und hier wäre ich wieder am Anfang –, die nicht auf den Trend setzen oder sich in Geläufigkeit verlieren, nein, bestimmt nicht, die vielmehr immer wieder anfangen: mit Büchern, mit Ideen, mit Stoffen, mit Figuren und mit ihrer alleweil aushausigen, den Anfängen und den Kindern verschworenen Phantasie.

Fangen wir an –

1996

Das Kind in mir

Ich will, es ist Zeit, von dem Kind in mir sprechen, nicht von dem, das sprichwörtlich im Manne steckt, sondern von dem, das in mir wuchs, verkümmerte, beinahe verschwand und sich nun wieder regt, das mich einnimmt, mit dem und aus dem ich lebe. Es hat eine Kraft entwickelt, die Lebenskraft zu nennen ich mich scheue, die aber neu und anders ist, als ich sie bisher verspürte, mich anregend und mich einnehmend. Sie verjüngt mich keineswegs, im Gegenteil, sie bestärkt mich in meinem Alter.

Nein, ich mache mir nichts vor, rede mir nichts ein. Das wäre ohnehin leichtfertig. Denn dieses Kind in mir bedarf auch meines Schutzes. Es erzählt, ungleich genauer, als ich es könnte, meine Geschichte. So suche ich immer wieder nach *seinen* Worten.

Für ein paar Sätze lang muß ich es aus den Augen verlieren. Ich schaue mich um. Ich sehe Kinder heute. Ich sehe meine Enkelin, knapp fünf und erpicht, den Opa Peter mit immer wilderen Einfällen zu überraschen. Ich unterhalte mich mit Zwölfjährigen, nachdem ich in ihrer Klasse gelesen habe, und erschrecke, wie lapidar und bitter sie über die kaputte Ehe ihrer Eltern oder über die verhangene Zukunft sprechen. Ich sehe Kinder verbissen und wortlos mit einem neuen Spielgefährten umgehen, dem Computer. Und nicht erst jetzt versetzt mich der Anblick bewaffneter oder in Trümmern umherirrender, hungernder Kinder in blanke erinnernde Wut.

Alles wiederholt sich, nur die Parolen und die Moden geben vor, à jour zu sein. Doch sie sind abgegriffen und menschenverachtend wie ehedem. Seit je verraten und verderben die Erwachsenen, das Kind in sich verleugnend, in Krieg und Frieden Kindheit.

Ist uns der Irrwitz klar, daß ein Zwölfjähriger bereits zwei Generationen hinter sich hat? Die Neuigkeiten, die Erfindungen, die Moden, die sozialen Maximen wechseln mit steigender Geschwindigkeit. Unsere Existenz ist von Unrast und Ungeduld geprägt. Dies alles ist einem Aufwachsen, einem allmählichen Gedeihen ganz und gar unzuträglich.

Vor 45 Jahren erzählte ich in einem Gedicht, noch sehr nah an meiner Kindheit und darum besonders distanziert zu ihr, den erzwungenen Sprung aus dem Paradies, die Nötigung, erwachsen zu werden. Ich gehöre noch jener Generation an, die im Krieg Kind gewesen ist. Mir wurde Ideologie eingeredet, ich habe an Helden geglaubt, und Uniformen waren ihr Ausweis. Der Heldentod galt nicht als Verlust, sondern als Gewinn, wenn auch die Frauen weinten. Es war eine Welt, in der die Trümmerberge von Tag zu Tag wuchsen, die Wörter immer lauter und hohler wurden, die Mütter immer grauer, die Alten immer unnötiger und die Kinder, wenn überhaupt, als zukünftige Helden und Krieger angesprochen wurden. Überlebenswahrheiten entpuppten sich am Ende als erbärmlicher Selbstbetrug.

olmütz 1942–1945

vom bischofsberg die haube –
verwest denn hier kein stein?
das kind spielt in der laube
– ein wappenbild mit taube –
das kind spielt: ich bin klein.

die mutter springt ins feuer
die gasse stülpt sich um –
ein bischof im gemäuer
speist säulenungeheuer –
das kind spielt: ich bin dumm.

der vater bannt das wasser.
der sprungreif bricht entzwei –
ein schwarzer aderlasser
versammelt tausend hasser –
das kind denkt zweierlei:

es denkt: die wassergasse
der fluß erstarrt zu stein
und eine winterblasse
prinzessin taucht hinein.

es denkt: die flüchterflüche
nun wandert auch das haus.
der zaubrer in der küche
spült jedes lächeln aus.

vom bischofsberg der segen –
kein bild wird jetzt gemalt.
wir wollen die puppen in gräber legen
und unsern knochenmann freundlich pflegen –
das kind spielt: ich bin alt.

Damals schrieb ich, aufgefordert von einem Feuilletonredakteur, einen Kommentar zu dem Gedicht. Ich erklärte die privaten und allgemeinen Hintergründe, seine Geschichte und auch seine innere Poetologie. Aber mir fiel nicht auf, daß ich ganz selbstverständlich in drei Stufen mitteile, wie ein Kind, dem allmählich und immer heftiger der Spielgrund entzogen wird, sich schützt. Erst spielt es: ich bin klein. Dann: ich bin dumm. Und schließlich: ich bin alt. Zuerst also versucht es nicht aus der Perspektive der Erwachsenen zu fallen. Im zweiten Refrain entzieht es sich dem Zugriff der Älteren. Und im dritten reiht es sich gleichsam ein, schützt es sich durch Anpassung, gibt vor, alt zu sein. Doch es spielt! Es entzieht sich. Es gibt seinen Anfang nicht auf, der ihm von den Erwachsenen vergällt und verdorben wurde.

Das Kind in mir – die Lebensalter haben es nicht nur verändert. Ich habe es vergessen, nicht wahr haben wollen, und ich habe es wiederentdeckt, seine Emotionen, Erwartungen, Bewegungen. Mit zwanzig war ich dem Kind am entferntesten. Ich erinnerte mich aus heiterer und belustigter Distanz. Mit dreißig wuchs die Melancholie, und ich rief mir das Kind, wenn auch zögernd, wach. Mit vierzig konnte ich es beschreiben, nicht immer ohne Verwunderung und Erschrecken. Aber da gab es schon die eigenen Kinder, und in Gedanken begann ich zu vergleichen, allerdings redete die Zeit hinein, die gemeinsame Zeit und die Vergangenheit des Kindes in mir wurde für meine Kinder zu einer weit zurückliegenden Geschichte, auf Fotos sichtbar, oft ungeglaubt: Das bist du wirklich gewesen?

Ich hörte den Kindern zu, beobachtete sie, schrieb für sie und von ihnen – Hirbel, Kalle, Theo, Ben sind ihre Zeitgenossen. Aber sie haben einen Kern, der gleichsam vor ihnen vorhanden war, mit dem Kind in mir.

Mit fünfzig begannen meine Erinnerungen deutlicher zu werden. Die Verwundungen und Verluste von einst bekamen ihre Stimme, eine Kinderstimme, meine. In »Nachgetragene Liebe« habe ich das kindliche Ich aufgerufen, und es gewann im Erzählen an Kontur, und zwischen den Erfahrungen des Kindes und denen des Erwachsenen gab es unversehens elektrisierende Berührungen. Sie nahmen zu. Manchmal, selten, gelang es mir nicht mehr, die Stimmen auseinanderzuhalten.

Inzwischen, mit sechzig, lege ich auch keinen Wert mehr darauf. Die Ungeschütztheit des Zwölfjährigen, seine Wut, anzufangen gegen die verkommenen Ideen und Vorstellungen der Erwachsenen, seine Unrast und unbändige Neugier ergreifen mich, und ich lerne Empfindungen wieder. Mit Tom und Krücke habe ich das verdrängte Vokabular neu gelernt.

Das Kind in mir: Ich und es sind unvergleichbar und eines. Es fürchtet sich vor Bomben, vor feindlichen Soldaten, davor, daß Vater oder Mutter es verlassen oder sterben werden, es lernt klauen, heucheln, mißtrauen und hoffen. Es fürchtet sich vor dem Tod. Ich hingegen erinnere mich an den Krieg, indem ich mich an das Kind erinnere. Ich denke an Vater und Mutter noch immer mit den Gedanken des Kindes, und ich beginne mich, die Furcht des Kindes überwindend, auf mein Ende vorzubereiten.

Nein, das Kind spielt nicht mehr *Ich bin alt*. Der Alte spielt jetzt mit dem Kind, das er gewesen ist und, in der Erinnerung ihm nahekommend, mehr und mehr wird. Meine Gegenwart bekommt Tiefe. Was ich eben erlebe, mißt sich an einer Geschichte, die ich mir, nicht zuletzt im Blick auf das Kind, bewußt mache. Die Namen mancher Toten können wir gemeinsam aufsagen, bei vielen verläßt mich das Kind, und erst neuerdings teilt es die Trauer mit mir. Vielleicht, weil der Alte die Hoffnung des Kindes nur selten erfüllen konnte und seine Hoffnungen oft zu kindlich waren. Wir, die wir nun eins sind, existierten in zwei Jahrhunderthälften. Das Kind spielte in den Krieg hinein und wurde als gebranntes Kind aus ihm entlassen. Der Alte hat vergebens gehofft, daß es mit den gebrannten Kindern ein Ende habe. Den Kindern wird weiter von Erwachsenen mitgespielt, lieblos, gedankenlos, gemein. Zu Hause kann es ihnen passieren, zu Krüppeln geschlagen zu werden, auf den nächtlichen Straßen heruntergekommener Städte stellen ihnen Jäger nach und erschießen sie wie Karnickel, in Lagern lehren ihnen falsche Helden das Schießen und Töten oder schicken sie aus als lebendige Bomben. Die Kinder hungern, frieren, betteln. Oder sie wissen nicht, wohin mit dem Geld, sie fressen sich die Hucke voll, sie erben. Welche Wahrheit gilt im Moment, und welche Wirklichkeit hält für einige Zeit?

Ohne das Kind in mir käme ich nicht mehr aus. Es ist mehr als eine Binsenweisheit, daß die Alten wie die Kinder würden. Kindlich und mitunter kindisch zugleich. Die Kunst wäre ohne diese Symbiose nicht möglich. Sie braucht sie – als Vorgabe für die Unsterblichkeit. Denn kann ich wissen, was das Kind beginnt, wenn ich aufhöre? Ist es womöglich der wunderbare, anfangskundige Gedanke für danach? Darauf haben wir keine Antwort. Im Grunde jedoch steckt sie in jeder Erzählung, jedem Bild, jedem Lied, in jedem Gedicht.

Im Schwäbischen gibt es den Kindervers vom undichten Kübelchen. 'S Kübele rinnt, 's Kübele rinnt, 's Kübele mueß mr binde. Ich habe die zwei Zeilen in einem Gedicht variiert:

Sinngedicht

's Kübele rinnt, 's Kübele rinnt,
's Kübele muß man binden –
das Herz mir bricht, das Herz mir bricht,
das Herz muß man mir binden –
Was weiß ich, welches Kind das spricht.
Ich gehe, es zu finden.

1997

Anfänge

Es kam anders, als ich es vorhatte: mich noch einmal mit den Anfängen, unseren Anfängen, zu beschäftigen, einem Thema, dem ich seit Jahren obsessiv anhänge und ohne das zu bedenken ich mich mit der Literatur für Kinder nicht beschäftigen kann. Es kam anders: In unserer Nachbarschaft entbrannte ein Krieg, der erste große und dennoch nicht erklärte Krieg in Europa seit 1945. Ein Krieg, der alle Hoffnung jener Kinder, die 1945 als gebrannte Kinder davongekommen waren, verhöhnt. »Nie wieder Krieg«, stand damals an Trümmerwänden. Als ich jetzt die ersten Bilder von Flüchtlingen, von Vertriebenen aus dem Kosovo sah, kehrten meine Kinderängste zurück, ein Schock, der mich alten Mann in eine zappelnde, verzweifelte Hilflosigkeit versetzte. Anfänge? Ja – dagegen und deswegen! Welch einen sprachlosen und vollendeten Anfang schenkte mir einer der Flüchtlingsberichte von der albanischen Grenze. Eine atemlose, tief aufgewühlte Mutter, den kleinen Sohn auf dem Arm, erzählte die erfahrenen Scheußlichkeiten, sie erbrach sie förmlich. Das Kind schaute mit vom Unbegreifen großen blinden Augen in die Kamera – und mit einem Mal legte es die Arme um den Hals der Mutter und küßte sie auf die Wange, mit einer unendlich vorsichtigen Zärtlichkeit, die alles schon weiß und vieles vorausnimmt: Was für ein Anfang!

Anfänge – noch ehe unser Jahrhundert begann, 1899, schrieb eine aus Zorn zuversichtliche Frau, die schwedische Schriftstellerin und Reformpädagogin, Ellen Key, eine Streitschrift mit dem programmatischen Titel »Das Jahrhundert des Kindes«. Sie meinte unser zur Neige gehendes Jahrhundert und versetzt uns im nachhinein ins Staunen. Denn wenn es ein Jahrhundert gab, das zwar in der Wissenschaft enorme Kenntnisse über Kindheit erwarb, aber in der Realität sie alle vergaß und verriet, dann war es unseres. Nie, zu keiner Zeit, sind Kinder so mißbraucht worden wie in der unseren, geschlagen, gefoltert, vergessen und ausgesetzt, zu Mördern dressiert worden, als kleine Soldaten in den Krieg geschickt. Ich könnte Scheußlichkeit auf Scheußlichkeit häufen, und ich übertriebe nicht. Alle Wunder des Anfangs wurden ausgeschlagen von einer Welt, die in ihren Kulturen eher auseinanderbrach, sich aber etwas zugute darauf hielt, in einer rasenden technischen und ökonomischen Entwicklung, in ideologischen Auf- und Zusammenbrüchen, in atemlosen Leistungssprüngen endgültig erwachsen zu werden.

Keiner der Reformvorschläge Ellen Keys wurde beherzigt oder verwirklicht. Auch wenn manche in die soziale Gesetzgebung wenigstens der westeuropäischen Länder eingegangen sind. Aber Gesetze helfen und schützen nur bedingt. Ellen Key wußte, daß nicht Erziehung und Erzieher, daß ein Menschenbild reformiert werden müßte. So, wie sie ihr Buch hochgemut »Allen Eltern« widmete, »die hoffen, im neuen Jahrhundert den neuen Menschen zu bilden«. Dieser neue Mensch sollte die Ebenbürtigkeit des Kindes als gesellschaftliches Maß anerkennen. Diesem Anspruch gab sie allerdings einen mythischen Grund. Als Motto stellte sie ihrem Pamphlet zwei Zitate aus Nietzsches »Also sprach Zarathustra« voran: »Euer *Kinder Land* sollt ihr lieben: diese Liebe sei euer neuer Adel, – das unentdeckte, im fernsten Meere! Nach ihm heiße ich eure Segel suchen und suchen!« und »An euren Kindern sollt ihr *gut machen,* daß ihr eurer Väter Kinder seid: alles Vergangene sollt ihr so erlösen! Diese neue Tafel stelle ich über euch.«

Nietzsches Sätze imponieren, wollen leuchten. Genau gelesen, meinen sie freilich nicht die Kinder, sondern die Erwachsenen, die Männer, die Väter, die sich durch den Mythos Kindheit erhöhen und erlösen sollten. Ich halte es für möglich, daß Ellen Key, geleitet vom Geist ihrer Zeit, Nietzsche anders verstanden hat oder verstehen wollte. Ihre Überlegungen münden nämlich in einem Zitat, mit dem sie sich und uns das Bild vom jugendlichen Menschen macht, in dem Satz des amerikanischen Dichters Walt Whitman: »Ich frage nicht, ob mein verwundeter Bruder leidet. Ich werde selber dieser Verwundete.«

Vielleicht, sage ich mir, steckt in dieser Anverwandlung eine Erinnerung an die wunderbare Schutzlosigkeit der Anfänge. Auf alle Fälle war das erklärte Ziel Ellen Keys eine »Pädagogik vom Kinde aus«. Mit der forderte sie den Widerspruch nahezu aller Pädagogen der Epoche heraus. Ihr Ruf in das neue Jahrhundert sei nicht ernst zu nehmen, eine Lektüre für wildgewordene Backfische, womit auch gleich die Frauenrechtlerin Key in die Schranken gewiesen wurde.

Einige wenige haben genauer hingehört, mehr noch: sie erinnern sich, weiterdenkend, ihrer Anfänge. Der fünfundzwanzigjährige Rainer Maria Rilke gibt Ellen Key eine ingeniöse Antwort: »Freie Kinder zu schaffen, wird die vornehmste Aufgabe dieses Jahrhunderts sein. Ihr Sklaventum ist schrecklich; es beginnt noch ehe sie geboren sind und endet damit, daß sie schließlich Erwachsene und Eltern, das heißt wieder Unterdrücker von neuen Kindern werden. Wie die Verhältnisse heute liegen, daß sowohl die guten wie die schlechten Eltern, sowohl die guten wie die schlechten Schulen, Unrecht haben dem Kinde gegenüber. Sie verkennen das Kind überhaupt, sie gehen von einer falschen Voraussetzung aus, von der Voraussetzung des Erwachsenen, der sich dem Kind überlegen fühlt, statt zu erkennen, daß es das Streben der größten Menschen war, dem Kinde in gewissen Augenblicken gleich und ebenbürtig zu sein.«

Wir sind, fürchte ich, längst nicht so weit gekommen. Wir sind eher hinter die Erwartungen Rilkes zurückgefallen. Knapp und traurig gesagt: Wir haben nicht das Jahrhundert des Kindes hinter uns, sondern das des verlassenen Kindes.

Nur: was heißt es, »freie Kinder« zu schaffen? Welche Freiheit meint Rilke? Er sah, als er seinen Aufruf schrieb, die Kinder noch als Geschöpfe der wilhelminischen Pädagogik. Gründerzeit-Kinder. Wir haben uns weit davon entfernt. Freiheiten und Unfreiheiten wechselten, wie auch deren Definitionen. Die Freiheit der Kinder wird stets von der Freiheit ihrer Eltern bestimmt. Aber Freiheit wird schon in Europa so unterschiedlich erklärt und gelebt, hängt von der jeweiligen Geschichte, von Traditionen und Ideologien ab, daß kein Mensch auf den Gedanken käme, sie zur Grundlage von Erziehung, von einem emotionellen und intellektuellen Austausch zwischen Erwachsenen und Kindern zu machen. Eines ist aber klar: Jeder Anfang braucht Freiheit. Ohne sie verkümmert er. Jede erste Erfahrung, jedes erste Gefühl stößt in einen freien Raum, kann sich nur dort entfalten.

Die Freiheit zwischen Eltern und Kindern ist nichts anderes als ein Gemisch aus Offenheit und Phantasie. Die Phantasie wiederum sollte fähig sein, sich erinnern zu können, selber noch bewegt sein von Anfängen.

Ich habe bisher ein Wort vermieden, das mich schon als Halbwüchsiger aufgebracht hat: Erziehen. Ich wollte nicht erzogen werden. Das Wort griff mich körperlich an, war gewalttätig. Ich sah Hände, die an mir zerrten, mich gleichsam »groß« zogen. Erziehen ist ein altes Wort, das den Umgang mit Erwachsenen auffallend martialisch sein läßt, handgreiflich wird, ein Wort, das im Grunde das Gespräch ausschließt: educere im Lateinischen, im Althochdeutschen arziohan. Der Erzieher kann frei sein, der Erzogene ist es erst einmal nicht. Kennzeichnend für die dialektische Ratlosigkeit, die unter uns herrscht, scheint mir die Verwandlung der Kindergärtnerin – was für eine offene und dem Anfang aufgeschlossene Berufsbezeichnung – in Erzieherin. Aber das ist nur *eine* Metamorphose. Wie vielen Programmen folgte die Erziehung seit Ellen Key und Rilke, unter welchen Auspizien wurde an den Kindern gezogen und gezerrt. Welchen Prinzipien, welchen Führern hatten sie und auch die Eltern zu folgen. Und wie hat sich in wenigen Jahrzehnten das Bild, das die Familie von sich selber hat, geändert. Die Großfamilie, in der drei Generationen miteinander lebten und Erfahrungen teilten, gibt es nicht mehr. Neue Wörter wie Singles und Alleinerziehende sprechen von einer veränderten Gesellschaft, von Einzelnen, Vereinzelten. Es gibt nicht wenige Apologeten dieser Individualisierung. Wer wollte auch etwas gegen ein selbstbestimmtes Ich einwenden. Wenn dem so wäre! Wenn dieses Ich nicht gleichzeitig Bindungen aufgäbe und verlöre, dieses Beziehungsgeflecht, in dem es sich einst aufgehoben fühlte, zerrisse. Die Vereinzelung kann zur Vereinsamung werden. Ein sonderbarer Rückzug in die Zelle findet statt, denn dort wartet ein Partner, der kein Gespräch verlangt, keine Antwort erwartet, der Computer, dort weitet sich die Zelle wieder zur Welt, zum Cyberspace, zum Tollplatz der Singles. Was läßt sich hier alles anfangen. Die Gefühle haben alle schon ihre Siglen, ihre Zeichen. Mit Maus und Taste sind sie abrufbar.

Und wo bleiben da die Kinder? Sie kommen so bald wie möglich nach. Wenn schon nicht ihr erster, ihr zweiter Blick fällt auf den Bildschirm.

Zugegeben, ich übertreibe. Oder genauer: Ich setze voraus, daß meine Übertreibungen Wirklichkeit werden. Bindungen sind flüchtiger und kurzfristiger geworden. Viele Kinder wachsen nicht mehr begleitet von Vater *und* Mutter auf, oft konzentrieren sie sich entweder auf die Mutter oder den Vater, oder die Väter und Mütter wechseln. So wechseln auch die Antworten auf die Anfänge. Die Unsicherheiten nehmen zu. Ich möchte allerdings klarstellen, daß es mir, denke ich an den Schutz der Anfänge, nicht unbedingt um leibliche Väter oder Mütter geht, sondern um die Dauerhaftigkeit von Verhältnissen. Mit jedem Wechsel muß sich ein Kind umstellen auf eine andere Sprache, auf andere Gesten, auf eine andere Zuneigung – auch zwischen den Erwachsenen. Die Codes der Anfänge, das ausprobierte und Schritt für Schritt gelernte Vertrauen in die Welt, werden vehement gestört. Diese neuen Individualisten, die sozial betrachtet oft nichts anderes als brutale Egoisten sind – bedrängt von einem Existenzkampf, dessen Regeln nach ihrem Zuschnitt immer rauher werden –, sind den Kindern, den Anfängern nicht mehr gewachsen. Die Zahl der Mißhandlungen aus Hilf- und Sprachlosigkeit nimmt zu. Anfänge werden einfach nicht mehr wahrgenommen. Und mitunter entsetzlicherweise als Reize mißverstanden: Der Erwachsene pervertiert sein Bedürfnis nach Zärtlichkeit, und das Kind wird zum Balg für sexuelle Spiele. Dann hören die Anfänger dort auf, wo sie schon nichts mehr entdecken können, wo alles verloren ist. Die Liebe, die einen Raum für das zukünftige Leben schaffen sollte, entpuppt sich als Terror. Das Kind, um seine Anfänge betrogen, wächst in eine Realität hinein, die immer traumatisiert sein wird, bestimmt von Mißtrauen, Zynismus und einer spezifischen Lieblosigkeit, die scheinbar von Sexualität ausgeglichen wird – doch die Anfänge, die in der Erfahrung sich hätten bereichern können, sind grausam verdorben.

Ich kenne junge Väter und junge Mütter, die allein oder gemeinsam überaus empfindlich die Anfänge ihrer Kinder hüten, mit Verständnis und Phantasie deren Entwicklung verfolgen, ihnen die notwendigen Freiheiten lassen, aber auch behutsam korrigieren. Sie stehen allerdings oft unter Druck. In ihrer Arbeit, in ihrer Suche nach Arbeit. Dann fehlt es ihnen an Zeit, und sie können in ihrer Hast heftig werden. Das ist nicht neu. Kinder haben, wenn auch nicht alle, eine beträchtliche Widerstandskraft. Unsere Gesellschaft fühlt sich von Kindern eher belästigt, und die Politik zahlt in Gestalt von Kindergeld eine Art Ablaß. Das wird gemeinhin hochtrabend Familienpolitik genannt. Die Kirchen, vor allem die katholische Kirche, halten wiederum an einem Familienbild fest, das es längst nicht mehr gibt. Das führt zu Zwängen und Verdrängungen, zu Halbwahrheiten. Der Fundamentalismus jeglicher Herkunft mißachtet Kinder. Sie werden gebraucht, für Glauben oder Ideologie einzustehen, müssen früh erwachsen sein, und wenn es zu Auseinandersetzungen kommt, werden sie in Glaubenskämpfen eingesetzt, dürfen ihr Leben opfern.

Das Jahrhundert des Kindes. Es ist auch das Jahrhundert der Kindersoldaten. Sie treten nicht gleich auf, doch noch vor der Jahrhundertmitte werden sie rekrutiert. Ich selbst habe Erinnerungen an sie, Gesichter von Freunden, die sich, frech lachend, jäh abwenden und verlieren in einem grauen Nichts zwischen Trümmern und Parolen: Werwölfe. Sie waren zwei Jahre älter als ich, fünfzehn. Rund um die Erde fanden sie viele Nachfolger. Kinder, immer dressiert von Männern, die, wenn überhaupt, ihre Vaterschaft vergessen und sich lebende Waffen schaffen. Ein Wort stand am Anfang dafür, kalt und uniformiert: Staatsjugend. Hitlerjugend, Bund deutscher Mädchen, Junge Pioniere danach. Der totalitäre Staat, aus Männerritualen aufgebaut, übernimmt die Kinder von den Eltern, denen er offenbar eine förderliche Erziehung nicht zutraut, richtet die kindliche Neugier aus und kappt die gefährlichen, die Raison gefährdenden Anfänge. Dies wuchs sich aus und verwilderte, wurde zu einem schauderhaften Ausschlag, der sich rund um die Erde zieht. Unter den Mördern auf den kambodschanischen *killing fields* befanden sich vor allem Kinder. Wir kennen die pathetischen Gesten der Intifada-Jungen. In einem Bericht über afrikanische Marodeure las ich, sie zögen die Jungen vor, da sie, erst einmal abgerichtet, ohne Gedanken und Gewissen töteten. Es scheint, als handle es sich hier um eine neue Spezies Mensch. Losgelöst von jeder Herkunft, die Wurzeln abgehauen, das Gedächtnis verödet, zynisch befreit zum Morden.

Die zivilisierte Welt hat zugesehen und schaut zu. Sicher wird es immer eine Handvoll fürsorglicher und mutiger Menschen geben, die sich der Kindersoldaten annehmen, wenn der Kampf sie schließlich verstört entläßt, sie vergessen haben zu leben, sich zu entwickeln, erwachsen zu werden, zu lernen. Aber sie werden seelische Krüppel bleiben. Vielleicht, denke ich, sind diese mordenden Kinderhorden eine Art Stoßtrupp in die Zukunft. Nicht mehr Kind und nie erwachsen, Wesen, die keine Scham, keine Scheu, keine Furcht und keine Ehrfurcht kennen, die den jeweils gängigen Parolen parieren – nein, ich will nicht weiterdenken. Auf diesen Schlachtfeldern wird jeder Gedanke an die Freiheit des Kindes aberwitzig.

Kindheit steckt in jedem Anfang, ein unzerstörbarer Keim. Was immer Menschen treibt, etwas zu beginnen, ein erstes Lied zu schreiben, eine erste Strophe, einen ersten Gedanken zu fassen, der sich auswächst zu einem Gedankengebäude, einen ersten Versuch zu unternehmen, einen Schritt weiterzukommen – sei es in der Technik, sei es in der Erkenntnis von Lebenszusammenhängen –, wo immer wir den Anfang wagen, wiederholen wir, wenn auch nicht bewußt, alle die großen und winzigen Anfänge, mit denen wir aufwuchsen und die uns das Leben lehrten. So gesehen wird der Anfang zum Entwurf. Er bekommt einen Hof von Zukunft. Dem ersten Schritt folgen weitere. Was kaum mehr als eine Ahnung war, setzt sich um in Wirklichkeiten. Rilke forderte, allem Anfang voraus zu sein. Das ist eine eigentümlich erwachsene Vorstellung. In ihrer Überstürztheit, in ihrem Verlangen, den Anfang vorwegzunehmen, zielt sie schon auf ein Ende. Oder wenigstens auf Vollendung. Aber die ist ohne Anfang undenkbar. Und vielleicht ist auch der Zustand von Vollendung, verstehen wir jeden Anfang als Entwurf, wiederum nur ein Anfang. Über den Anfang hinaus, auch über die mögliche Vollendung, die es nur in der Kunst gibt, nicht aber unterwegs im

Leben, über den Anfang hinaus weist eine volkstümliche Wendung, ein knapper Satz: Das ist der Anfang vom Ende. Anfang und Ende sind durch Zeit verbunden, untrennbar. Durch unsere Lebenszeit. Nur: Anfänge lassen sich wunderbar wiederholen; ein Ende nicht. Der kindliche Anfang weiß vom Ende nichts. Er traut sich alles zu und hat – ganz wörtlich genommen – kein Ende.

Vor fast zweihundert Jahren wurde ein altkluger, gescheiter Junge gefragt, was er denn, wenn er groß sei, einmal werden wolle, und erschreckte mit einer ganz und gar unkindlichen Antwort: Märtyrer, erklärte der kleine Sören Kierkegaard. Märtyrer wofür und für wen? Eine unübersehbare Schar von Kindermärtyrern wandert durch unser vergehendes Jahrhundert: Gezeichnete, Mißbrauchte, Gefolterte, Vergessene, Ausgesetzte. Allzufrüh erwachsen geworden. Und viel zu früh haben sie erfahren müssen, daß aller Anfang – und die Anfänge wurden ihnen ohnehin verwehrt – ein Ende hat.

So will ich nicht enden. Ich erinnere Sie und mich an das Kind, das seine Mutter küßt: Mitten im Schrecken wird in einem einzigen wunderbaren Moment die Welt auf den Kopf gestellt. Nicht die Mutter tröstet, sondern das Kind. Es macht einen Anfang. Auf alle die erfahrenen und uns noch bevorstehenden Anfänge setzend, möchte ich Irma Krauß zu ihrem Buch gratulieren.

1999

Kindern Sprache schenken

Auf Harry Potter werde ich erst am Schluss kommen. Denn als ich für Kinder zu schreiben begann, war noch nicht entfernt an ihn zu denken. Harrys Zauberinternat hätte den damals die Diskussion beherrschenden Pädagogen vielleicht als spielerische Idee Spaß gemacht, als Programm hätten sie es abgelehnt. Die Kinder in den Sechzigern und Siebzigern, diesen heute so umstrittenen, doch auch unsinnig verteufelten Jahrzehnten, sollten sich aus den gesellschaftlichen Zwängen, wie es hieß, befreien und mit wenig didaktischer Hilfe, doch mit beträchtlicher rhetorischer Zustimmung, in eine neue und veränderte Gesellschaft aufbrechen.

Diese Gesellschaft kam nicht zustande. Nicht nur, weil die theoretischen Vorsätze nicht ausreichten, sondern weil die Gesellschaft selbst an anderen Zwängen Gefallen fand. Die ideologischen Verheißungen erwiesen sich bald als unhaltbar. Der Kommunismus brach zusammen. Unser Land wurde nicht mehr durch eine kaum durchlässige Grenze geteilt. Dass die Deutschen zwiefach Geschichte erlebt haben, wirkt allerdings noch weiter bis auf den Tag.

Die neuen Zwänge haben nur bedingt mit der deutschen Einigung zu tun, ungleich mehr mit einer gewandelten, sich als global verstehenden Politik und der mit ihr einhergehenden Ausbreitung des Internets. Die Welt und die Industriegesellschaften haben sich tatsächlich verändert – jedoch anders, als es die Achtundsechziger erwartet und gewünscht haben. An die Stelle einer offen gedachten, rigide formulierten Sozialphilosophie traten unverhohlene Leistungsgesinnung, Shareholder-Value-Mentalität und ein nicht selten unverfrorener Subjektivismus. Vieles, wogegen die einstigen Aufrührer ankämpften, löste sich von selbst, anderes fraß der unersättliche und von den Medien hemmungslos geförderte Zeitgeist.

Ende der sechziger Jahre ermunterte mich Jochen Gelberg, für Kinder zu schreiben, nachdem ich meinen Kindern und deren Freunden erst einmal zugehört und notiert hatte, was sie aus ihrem Tag erzählten. Die Kinderliteratur jener Jahre – oder genauer das, was meine Kinder lasen und aus der Bibliothek nach Hause brachten – hatte mich verdrossen. Diese ewigen Internats- und Detektivgeschichten für Buben oder das ausdauernde Pferdegeflüster für Mädchen! In einer Rede zum Deutschen Jugendbuchpreis forderte ich die erzählte Wirklichkeit für Kinder ein und zitierte aus den entstehenden Kindertagesläufen. Dass ich sie am Ende zu einem Buch bündelte, übrigens mit ungemein kühnen Fotografien von Günter Stiller, verdanke ich Jochen Gelberg. Der ließ nicht locker, schlug mir Themen für Erzählungen und Romane vor und ich ließ mich schließlich auf seine Pläne und seine Vorstellung von einer eigensinnigen und selbstbewussten Literatur für Kinder ein.

Das sollte ja meine Sache sein: Kindern ihre Sprache schenken. Sie als ebenbürtige Partner verstehen, denen die Erfahrungen und Vergleichsmöglichkeiten der Erwachsenen noch fehlen, die der Fantasie jedoch nie vor lauter Furcht Zügel anlegen, deren Freiheiten voller Erwartungen stecken. Kinder, die man nicht klein erzählen, im Gegenteil, denen man Wörter, eine Sprache schenken sollte, die ihnen Zukunft, Vernunft und Würde verspricht. Eine Sprache, die allerdings auch empfindlich bei sich bleibt, sich nicht brüstet und nicht pathetisch droht.

Hirbel, meine erste erzählte Hauptperson, ist ein behindertes, beschädigtes Kind, das von Heim zu Heim gereicht wird. Das nicht weiß, dass es einen Vater haben könnte und dessen Mutter, eine Prostituierte, es nur dann besucht, wenn sie eine sentimentale Anwandlung überkommt. Meine Frau hatte den Hirbel in einem Stuttgarter Heim kennen gelernt. Gespräche über ihn haben mir geholfen, das Buch zu schreiben.

Das war vor mehr als dreißig Jahren. Seither riss der Strom von Antworten und Fragen auf das Buch nicht ab. Zehnjährige, schon Neunjährige ergreifen Partei, identifizieren sich mit diesem verstoßenen Kind und fangen es auf in ihrer Phantasie. Sie schreiben dem Buch ein besseres Ende und dem Hirbel eine Zukunft, die er nie haben konnte. Mit einem nachträglichen Seufzer möchte ich noch hinzufügen, dass das Buch keineswegs gleich zustimmend aufgenommen wurde. Eher erst einmal so, wie wir im Allgemeinen mit Hirbels umgehen. Es wurde gemieden.

Da nackte, sich waschende Buben auf dem Umschlag abgebildet waren, weigerten sich Buchhandlungen, den Band auszustellen. Aber Lehrerinnen und Lehrer entdeckten das Buch nach einer Weile. Seither hat es mehrere Schülergenerationen begleitet, und häufig wird mir ein zerlesenes Exemplar von Erwachsenen zum Signieren vorgelegt: Nicht für ihre Kinder, für sie selbst – als Erinnerung.

»Hirbel«, »Oma«, vor allem »Ben liebt Anna« und die folgenden Bücher bescherten mir eine Plage und ein Glück zugleich: Berge von Post. Dies bis auf den Tag. Da meine Frau und ich uns bemühen, jeden Brief zu beantworten – oder meistens jeden Klassensatz von Briefen –, entwickelte sich über Jahrzehnte ein bemerkenswertes Gespräch zwischen wechselnden Generationen. Längst mischen sich unter die Sendungen aus Hamburg, Bottrop oder Konstanz auch solche aus Magdeburg, Rostock und Königs Wusterhausen. Die Tonfälle nähern sich einander an, in Reaktionen und Ansichten gibt es jedoch Veränderungen. Zwischen 1970 und 1980 entdeckten nicht wenige Klassen in ihrer Nachbarschaft Heime und Schulen für Behinderte und berichteten von gemeinsamen Ausflügen und Festen. Das Buch hatte die Kinder wachgerufen, aktiviert.

Später, in den Neunzigern, gingen die Schüler, ohne dass sie reale Erfahrungen suchten, mit Hirbel als einer Person um, die es geben, die aber möglicherweise auch für ihre Verletzbarkeit und Schwäche stehen könnte und dachten sich, oft ungemein fantasievoll, Chancen für Hirbel aus: dass er doch noch gesund wird, dass er verständnisvolle Pflegeeltern findet oder Erfolg im Beruf hat. Manchmal erzählen sie auch von einem Jungen in ihrer Klasse, der dem Hirbel gleiche und den sie, nachdem sie das Buch gelesen haben, besser verstehen.

Als ich das Buch schrieb, wäre ich nie auf den Gedanken gekommen, Kinder zu aktivieren. Didaktik, ob unverhohlen oder auf Umwegen, liegt mir fern. So halte ich's bis heute. Eine Erzählung, das allerdings ist mir bewusst, teilt ihre Wirklichkeit mit, und es kann so weit kommen, dass die Leser ihre Wirklichkeit mit der des Buches teilen. Oder sie umerzählen, neu einrichten, wie es in den Briefen der Kinder mitunter geschieht.

Auf »Ben liebt Anna« reagieren Mädchen und Jungen heute gleich. In den ersten Jahren nach dem Erscheinen hielten sich die zehn- oder elfjährigen Buben jedoch zurück. Über Liebe zu sprechen, zu schreiben, erschien ihnen unter ihrer Würde. Heute geben sie sich unbefangen preis, mehr noch, vertrauen sich dem Autor an, da er offenbar Bescheid weiß, fragen um Rat, wie der Bub aus München, dessen Brief ich mir gerahmt habe als eine dauerhafte Erinnerung, aber auch als Mahnung, die phantasievollen, beteiligten und zutraulichen Leser immer ernst zu nehmen.

Er schrieb: »Herr Härtling. Ich heiße Sascha und bin neun, am 22. Oktober werde ich zehn. Meine Freundin fragt mich, ob ich sie heiraten soll. Ich möchte Sie fragen, ob Sie mir einen Tip geben können.« Solche Sätze weiten ein Buch. Es bekommt, ohne mein Zutun, einen Echoraum. Es wird angereichert und ich fühle mich bereichert.

Noch ehe ich 1980 »Ben liebt Anna« zu schreiben begann, lernte ich bei einer Lesung in Berlin ein Umsiedlermädchen kennen. Es kam mir eigentümlich versteinert vor und wurde von den Kindern der Klasse offenkundig nicht akzeptiert. Ich fragte das Mädchen danach. Leise und erfahren in Einsamkeiten erklärte es mir, dass ihre Mitschüler nicht lieb zu ihr seien, weil sie von wo anders her ist. Sie kam aus Litauen, nicht, wie meine Anna, aus Polen. Anfänglich identifizierten sich vor allem türkische Mädchen mit Anna, verglichen sich mit ihr, gingen aber auch auf Distanz. Zum Beispiel, wenn Anna sich entgegen ihren kulturellen Vorschriften verhält und nackt badet. Das darf ein Mädchen nicht, schrieben (und schreiben) sie. Das gehört sich nicht. In meiner Antwort betone ich die Unterschiede, bestehe darauf, dass es vielen Kindern selbstverständlich sei, ohne Badeanzug ins Wasser zu gehen. Ein paar Jahre später meldeten sich tatsächlich Mädchen aus Polen, aus Katowice, verglichen sich mit der Anna im Buch und tauschten gleichsam mit ihr Erfahrungen aus. Noch in den jüngsten Briefen kann es geschehen, dass Kinder aus Russland, Polen, Rumänien sich mit der geschriebenen Anna trösten, weil es die, wie sie es sich und mir erklären, schon vor ihnen gegeben hat.

Anders antworten die Kinder, sobald ich ihre Gegenwart durch meine Vergangenheit ersetze, von meiner Kindheit berichte, wie in »Krücke« oder der »Reise gegen den Wind«. Das geschieht meistens nicht mit Briefen, sondern nach Lesungen. Sie fragen vorsichtig, abwägend. Ob das denn meine Geschichte sei? Ob ich tatsächlich als Kind schon Tote gesehen habe? Ob ich oft Angst gehabt hätte? Ob ich an Hitler geglaubt hätte?

Ich bemühe mich jedesmal, ihnen so genau wie möglich Antwort zu geben und ihnen zu erklären, dass Kinder in allen Kriegen die Leidtragenden seien. In solchen Gesprächen empfinde ich beinahe körperlich, wie die Kinder nach dem Kind in mir suchen. Das ist ihnen ein wenig unheimlich und fremd. Krücke hingegen und Tante Karla bewundern sie uneingeschränkt. Die beiden hätten, meinen sie, im Krieg nicht verlernt, für Kinder da zu sein.

»Die Wirklichkeit der Kinder« – damals gab ich mir selber mein Programm. Ich wollte die Wirklichkeit und die Kinder nicht aus den Augen verlieren. Und wie sieht die Wirklichkeit der Kinder heute aus?

Es wird viel geklagt: über die extremen Reize und Ablenkungen, denen Kinder ausgesetzt seien, über ihre Unfähigkeit, sich über längere Zeit zu konzentrieren, ihre oft maßlose Motorik und nicht zuletzt über ihr immens gewachsenes Interesse am Computer und das sinkende am Buch. Höre ich diesen Jammer, kommt mir jedesmal der Gedanke: Genau genommen beklagen wir Erwachsenen uns über uns selbst. Die Anfänge sind gleich geblieben in ihrer Offenheit und Erwartung. Zweijährige, Sechsjährige, Zehnjährige lernen spielerisch, was ihnen geboten wird, auf sie zukommt, und das in einem aufregenden, nie ganz durchschaubaren Wechsel von Zugriff und Widerstand. Sie lernen spielend denken und etwas später denkend spielen. Sie lernen Gefühle, leben und lieben. Sie erlernen das alles von der Umgebung, in die sie hineinwachsen. Natürlich hat jedes Kind seine Stärken und Schwächen, seine ihm eigenen Gaben und Begabungen. Und die brauchen ihren Ansporn. In welcher Weise die ungezählten Anfänge der Kinder eingefärbt und intendiert sind, bleibt ausschlaggebend. Individuelle Fähigkeiten können Einflüsse verstärken oder schwächen, aber der Austausch an Erfahrungen, Kenntnissen, Verhaltensweisen zwischen den Erwachsenen und Kindern bleibt bestimmend.

Die Wirklichkeiten Hirbels, Fränzes, Krückes stoßen, aus den Briefen weiß ich es, noch immer Kinder an, sie mit ihrer eigenen Wirklichkeit zu vergleichen, handeln und helfen zu wollen. Wer liest, merkt, ohne dass er es sich unbedingt bewusst macht, dass sich ihm eine andere, neue Welt öffnet, ein »erlesener« fremder

Raum, den man Satz für Satz erkundet und am Ende kennt. Als ein Teil seiner selbst. Die Erinnerung an ein Buch kann der Erinnerung an ein Stück Leben gleichen. Darum schwindeln Kinder immer wieder Erfahrungen und Erlebnisse, bereichern sich erfindend, stärken sich phantasierend, ohne lügen zu wollen. Lesende sind stets in der Minderheit gewesen. Mir scheint, diese Minderheit ist in den letzten Jahrzehnten ein wenig stärker geworden. Daran ändern die Ablenkungen, die Stunden vor dem PC nichts. Die Kinderabteilungen in den Bibliotheken haben großen Zuspruch, die Produktion von Kinderbüchern wächst nicht ohne Grund. Ich stelle das nicht ohne Optimismus fest. Ja, ich muss zugeben, dass ich mir, bestärkt durch einen mehr als dreißigjährigen Umgang mit lesenden Kindern, diese Zuversicht nicht ausreden lasse. Allerdings unter der Voraussetzung, dass kindliche Anfänge nicht leichtfertig oder mutwillig von Erwachsenen ruiniert werden.

Oberfläche avanciert in den letzten Jahren zu einem charakteristischen Begriff: Benutzeroberfläche. An der Oberfläche gleitet nicht nur vieles ab, sie beschleunigt auch Denken und Handeln. Die Globalität, die wir uns einreden, die uns die Provider vorspielen, treibt uns hinein in einen endlosen Raum, in dem Angebote an Wissen und Ware wie Trümmer durch den Orbit rasen.

Wie können wir uns, ausgesetzt einer solchen Turbulenz, Zeit nehmen? Wir, die wir oft darunter leiden, zu wenig Zeit zu haben. Lesend können wir Zeit zurückgewinnen, werden wir langsamer, kommen wir zu uns. Das Buch widersteht leise und selbstverständlich der allgemeinen Geschwindigkeit. Ein lesend in ein Buch versunkenes Kind (was für ein genaues Bild) bleibt für mich das schönste Zeugnis dieses Widerstands. Das Kind nimmt sich lesend seine Zeit.

Womit ich, wie angekündigt, bei Harry Potter angelangt wäre. Er ist nicht nach meinem Geschmack. Internatsgeschichten und

Fantasy habe ich nie viel abgewinnen können. Gleichwohl bin ich dem Phänomen Harry Potter dankbar. Ungezählte junge und ältere Leser haben, vermute ich, zum ersten Mal erfahren, was es bedeutet, die Welt – und welche auch immer – nicht als Oberfläche zu erkennen, sondern sie in einem der Zeit abgerungenen Akt selber zu schaffen: als Fund und Erfindung.

2001

Ein paar Sätze in die Zukunft

Ein paar Sätze für die Zukunft. Ein paar Sätze in die Zukunft? Für? In? Erwarten Sie keine großen Sprünge, keine Visionen. Ich versuche nicht mehr als einen Kinderschritt in die Zukunft und fange einfach an. Zukunft ist erst einmal eine grammatische Form. Am vollkommensten drückt sie sich in der Goetheschen Formel vom »Stirb und Werde« aus. Dennoch strengt uns das Futur im Sprechen wie im Schreiben an. Wir vermeiden es, holen es in den Präsenz zurück. Ich kümmere mich schon, höre ich jemanden rufen, keineswegs: Ich werde mich kümmern. Er bleibt ein Kümmerer in seiner Gegenwart. Fürchtet er das Werde oder ist es schon selbstverständlicher Teil seiner Gegenwart? Ein Kind braucht die Zukunft nicht, denkt sie nicht – es ist sie gleichsam selber. Es lebt in *seiner* Gegenwart. Merken Sie? Ich schränke ein, bringe *unsere* Gegenwart nicht ins Spiel, lasse jedem Kind die seine. Um Morgen oder das unendlich ferne Übermorgen sorgen sich die Eltern. Das ist der nächste Schultag oder der Anfang der Ferien oder der Geburtstag der älteren Schwester. Das Futurum wird zur sanften Drohung, zum Begriff einer vorausdenkenden Ordnung. Es realisiert sich für Kinder erst, wenn es die Wirklichkeiten der Gegenwart vorausnimmt, wenn die Kinder ihre Erwartungen und Nöte mit den Erwachsenen teilen müssen. Wir in Europa haben solche Gemeinschaften vergessen. Anderswo, rund um die Erde, gibt es die Kriegs-, die Flüchtlingskinder, die alles auf die Zukunft setzen und oft von ihr versetzt werden.

Werden wir morgen Brot kriegen? Werden die Sieger Wasser bringen? Werde ich ein Dach überm Kopf haben?

Wie auch immer: Ob mit Brot, ob mit Wasser, ob mit neuen

Klamotten oder einer Portion Eis – ein Zehnjähriger misst seine Zukunft anders als ein Siebzigjähriger. Der hat bereits zuviel Zukunft ausprobiert und erfahren. Ich spreche von mir und blicke auf das Kind, das ich gewesen bin. Zwischen uns spielt sich eine verzwickte grammatische Geschichte ab: Alle meine Vergangenheiten sind seine Zukünfte. Anders ausgedrückt und gedacht: Ich habe die Zukunft des Kindes mehr oder weniger verbraucht, und wenn ich mir alle die Hoffnungen und Entwürfe in Erinnerung rufe, die uns aufeinander zu bewegten, dann bekommt das Futur einen durchlässigen Rahmen. Wir werden in jedem Augenblick und geben zugleich das Gewordene an die Vergangenheit ab. Diese Bewegung können wir Leben nennen. Marie, meine elfjährige Enkelin, stürzt sich geradezu in ihre Gegenwart, reibt sich an ihr, leidet, hat Lust aufs Jetzt, schreckt zurück und will mehr. Immer ist sie fürs Futurum bereit, doch ihr Bewusstsein hält sich an die Gegenwart. Was ihre Eltern und manchmal auch ihre Großeltern für sie planen, schlägt sie in den Wind. Vielleicht ahnt sie, dass die Zukunft sie noch mehr anstrengen könnte als die ohnehin schon aufregende Gegenwart.

Seit Jahren taucht in politischen Parolen die »Zukunft unserer Kinder« auf. In den feinsten moralischen Wendungen wird beklagt, dass wir sie vergessen, dass wir sie vergeuden, verschenken und so fort. Nur hängen diese Parolen wie schlappe Fahnen herunter, gibt es zwischen Klägern und Angeklagten einen Unterschied. Die politischen Moralprediger, auf deren Gedächtnis ebenso wenig Verlass ist wie auf ihre Planung, vergessen, dass die Eltern, an die sie sich wenden, inzwischen Kinder haben, die Kinder haben. Wer verdirbt wessen Zukunft, fragt es sich. Und welche Zukünfte sind gemeint? Die Zukunft in unanfechtbarem Wohlstand, in konstantem Haben? Die Zukunft des schnellen verbrauchbaren Wissens? Die Zukunft der globalen Information, die Wissen und Bildung durcheinander bringt? Die Zukunft, die einen entsetzlichen Kampf zwischen den Habenden und den Habenichtsen erwarten lässt? Die Zukunft eines wandernden Kriegs? Die Zukunft der Religionen und ihrer wechselnden Propheten? Die Zukunft jener, deren Vorväter die Stätten der Erinnerung und Identität, Bibliotheken und Museen, mit Lust geplündert und geschändet haben? Also die Zukunft der Barbaren? Ich übertreibe.

Übertreibe ich?

Wir Verwalter einer Zivilisation, wir »alten Europäer«, kennen uns in Utopien und Entwürfen aus, haben erfahren, wie die Suche nach der besseren aller Welten, nach dem besseren Menschen nach allen Regeln der Inhumanität, der Privilegienverteilerei, des diktatorischen Unwesens verhöhnt und verdorben wurde. Was übrig blieb nach diesem mörderischen Abenteuer des Zwanzigsten Jahrhunderts, können wir als die schlichteste Ideologie der Weltgesellschaft bezeichnen: Wer mehr hat, bestimmt, wer was haben darf und achtet mit Argwohn auf die Habenichtse.

Natürlich haben unsere Kinder mit all dem, was die Flammenschrift uns an die Wand malt, zu tun. Darum hoffe und wünsche ich sehr, das wir sie ohne gewaltigen Anspruch, mit Vernunft und einem fürsorglichen Gedächtnis auf die Zukunft vorbreiten.

Das heißt, sie entschlossen und mit Phantasie alphabetisieren. Denn mit dem Fernsehen und vor allem dem Computer ist uns Sprache verloren gegangen. Sie hat sich verkürzt, sie bescheidet sich mit Weisungen. Zehnjährige sind genuine Leser. Ob Mütter oder Väter, Lehrerinnen und Lehrer – sie alle haben die Chance, den Kindern nicht nur Wörter und ihre Zusammenhänge, nicht nur unendliche Geschichten beizubringen, sondern mit der Sprache, mit der Erzählung auch das Denken. Lehrer, die keine Lust am Lesen haben, sollten diesen Beruf aufgeben oder gar nicht erst anstreben.

Ohne Arbeitsplätze keine Zukunft für unsere Kinder. Wie oft beklagen Handwerksmeister den Bildungsstand ihrer Lehrlinge. Vor allem auch ihre anmaßende Ungeduld. Wer liest, kann sich wenigstens für einige Zeit konzentrieren, hat es gelernt. Die Zappler jedoch sind häufig nicht einmal imstande, einen fehlerlosen Hauptsatz zu schreiben, geschweige denn, einen Gedanken zu Ende zu führen. Nichts ist nötiger, als die Kinder zur Ruhe zu bringen, zur gegenseitigen Aufmerksamkeit, ihren Aggressionen Raum im Spiel, in der Sprache, in der Phantasie zu geben.

Meine Hoffnung ist nicht groß und wächst nur mit Mühe in die Zukunft. Wesentlich scheint mir aber die Definition von Haben und Nichthaben zu sein. Zum Haben gehören Souveränität, Großzügigkeit, Zuwendung – alles Eigenschaften, die dem Nichthabenden aus Not fehlen. Es wären also Ergänzungen – oder die Anfänge einer altruistischen Humanität, zu der uns nur eine Bildung fähig macht, in der das Bild vom Andern in den Künsten, in der Philosophie die wesentliche Rolle spielt. Die Zukunft ist unseren Kindern nur sicher, wenn sie auf diese Weise erfüllt und bestärkt ihre Gegenwart bewältigen.

In Martina Wildners wahrhaft lesenswertem Buch fängt in den letzten Sätzen für eine Sternschnuppenlänge die Zukunft an. Keine, die viel verspricht. Keine, die über die Wünsche und den Verstand zweier Menschenkinder hinausgeht. Aber eine, die Erwachsene und Kinder gleichermaßen erwartet, als ein weiteres, wenn's gut geht, gemeinsames Stück Leben. »Man muss geduldig mit den Großen sein. Sie wissen oft nicht, was sie wollen«, denkt der dreizehnjährige Viktor über seinen Vater. Martina Wildners Buch ist darauf eine Antwort. Wir alle wissen oft nicht, was wir wollen. Es kommt nur darauf an, dass wir es wissen.

2003

Quellennachweis

Kindheit, eine unendliche Geschichte
Über Peter Härtling zum 70. Vorwort von Hans-Joachim Gelberg (Manuskript).

Die Wirklichkeit der Kinder
Laudatio anläßlich der Verleihung des Dtsch. Jugendbuchpreises 1969, gehalten am 7. November 1969 in Bayreuth. – Ausgezeichnet wurden das Bilderbuch »Rundherum in meiner Stadt« von Ali Mitgutsch (Otto Maier Verlag, Ravensburg), das Kinderbuch »Zlateh, die Geiß« von Isaac Bashevis Singer (Sauerländer Verlag, Aarau), das Jugendbuch »Es lebe die Republik« von Jan Procházka (Georg Bitter Verlag, Recklinghausen); die Prämie erhielt das Jugendbuch »Vor dem Richter des Königs« von Scott O'Dell (Walter Verlag, Freiburg). Sonderdruck, Recklinghausen 1969 (leicht gekürzt).

Fünf Überlegungen beim Schreiben von Kinderbüchern
Als Presseerklärung zur Verleihung des Deutschen Jugendbuchpreises 1976 für »Oma«, Juli 1976.

Über die Schwierigkeiten und das Vergnügen beim Schreiben für Kinder
Rede zum 30jährigen Bestehen der Österr. Jugendschriftenkommission am 14. Mai 1977 in Wien.

Für Korczak
Als Vorwort gedruckt zu: Janusz Korczak, »Von Kindern und anderen Vorbildern«, Gütersloh 1979. Nachdruck aus: P. H., »Zwischen Untergang und Aufbruch«, Aufsätze, Reden, Gespräche, Aufbau Verlag, Berlin 1990.

Anfänge
Rede für Astrid Lindgren
Gehalten zur Einführung in eine Lesung von Astrid Lindgren vor der Akademie der Künste, Berlin, am 27. November 1983. Nachdruck aus: P.H., »Zwischen Untergang und Aufbruch«, Aufsätze, Reden, Gespräche, Aufbau Verlag, Berlin 1990.

Keine Ausflüchte, keine Fluchten
Rede anläßlich der Verleihung des Dtsch. Jugendliteraturpreises 1983, gehalten am 30. September 1983 in Frankfurt a.M. Nachdruck aus: Der Deutsche Jugendliteraturpreis 1956–1983, hrsg. vom Arbeitskreis für Jugendliteratur, München 1984 (leicht gekürzt).

Helft den Kindern, helft den Büchern!
Die frühe Begegnung mit Literatur
Tagungsvortrag, veröffentlicht von der Deutschen Akademie für Sprache und Dichtung, Darmstadt, Reihe »Dichtung und Sprache«, Band 2. Nachdruck aus: »Helft den Büchern, helft den Kindern!« Über Kinder und Literatur, herausgegeben von Peter Härtling, Carl Hanser Verlag, München 1985 (gekürzt). Dem vorgenannten Werk hat der Herausgeber eine Vorbemerkung vorangestellt, die hier ebenfalls (leicht gekürzt) nachgedruckt wird.

Vorbemerkung
des Herausgebers (gekürzt) der Buchausgabe »Helft den Büchern, helft den Kindern!«; siehe oben.

Altern mit Kindern, altern für Kinder
Erste »Weinheimer Rede« zur Verleihung des Peter-Härtling-Preises für Kinderliteratur (1986) am 10. Mai 1987 (Preisträger: Cordula Tollmien und Reinhold Ziegler). Sonderdruck, Weinheim 1989.

Von den Anfängen zwischen Erde und Himmel
Warum ich weiter für Kinder schreibe
Tagungsvortrag »Warum ich weiter für Kinder schreibe – eine Zwischenbilanz« zum Japanisch-deutschen Kinderbuch-Symposium (»Kindheit im Kinderbuch heute«) in Osaka vom 10. bis 12. November 1988. Nachdruck erfolgt hier aufgrund der (leicht gekürzten) Veröffentlichung des Vortrags in der FAZ vom 17.12.1988.

Lieber Leser!
Vorwort zu »Geschichten für Kinder«, einer Auswahl aus Härtlings Kinderbüchern, Weinheim 1988.

Gedächtnis und Erinnerung
Zweite »Weinheimer Rede« zur Verleihung des Peter-Härtling-Preises für Kinderliteratur (1988) am 10. Mai 1989 (Preisträgerin: Margaret Klare). Sonderdruck, Weinheim 1989.

Der Anspruch der Kinderliteratur
Vortrag (am 28. Juni 1991) im Institut für Jugendliteratur der Johann Wolfgang Goethe-Universität, Frankfurt a. M. Sonderdruck als Jahresgabe für den Freundeskreis des Instituts, Frankfurt a. M. o. J.

Rede für Josef Holub
Vierte »Weinheimer Rede« zur Verleihung des Peter-Härtling-Preises für Kinderliteratur (1992) am 9. Mai 1993 (Preisträger: Josef Holub). Veröffentlicht in: »ALLER

DINGS, Versuch, 25 Jahre einzuwickeln.« Werkstattbuch zum Programm B & G, hrsg. von Hans-Joachim Gelberg, Weinheim 1996.

Wende im Kinderbuch
Fünfte »Weinheimer Rede« zur Verleihung des Peter-Härtling-Preises für Kinderliteratur (1994) am 13. Mai 1995 (Preisträgerin: Ingrid Möller). Sonderdruck, Weinheim 1995.

Ein paar Sätze für Anfänger
Rede zum 25. Geburtstag von Beltz & Gelberg
Ansprache anläßlich der Jubiläumsfeier (in der Druckerei Beltz in Hemsbach) am 15.9.1996. Unveröffentlicht.

Das Kind in mir
Sechste »Weinheimer Rede« zur Verleihung des Peter-Härtling-Preises für Kinderliteratur (1996) am 3. Mai 1997 (Preisträgerin: Nina Petrick).

Anfänge
Siebte »Weinheimer Rede« zur Verleihung des Peter-Härtling-Preises für Kinder- u. Jugendliteratur (1998) am 25. April 1999 (Preisträgerin: Irma Krauß). Unveröffentlicht.

Kindern Sprache schenken
Achte »Weinheimer Rede« (unter dem Titel »Ein Rückblick«) zur Verleihung des Peter-Härtling-Preises für Kinder- u. Jugendliteratur (2000) am 6. MAI 2001 (Preisträgerin: Regine Beckmann). Sonderdruck, Weinheim 2001.

Ein paar Sätze in die Zukunft
Neunte »Weinheimer Rede« zur Verleihung des Peter-Härtling-Preises für Kinder- u. Jugendliteratur (2002) am 11. Mai 2003 (Preisträgerin: Martina Wildner). Unveröffentlicht.

Peter Härtling
Romane für Kinder
Das war der Hirbel
Oma
Theo haut ab
Ben liebt Anna
Gebunden, 360 Seiten
ISBN 3 407 79863 6

Waren Peter Härtlings Kinderromane in den 70er Jahren für den
Aufbruch und die Erneuerung der Kinderliteratur mitverantwortlich,
sind sie heute Klassiker, ob sie denn *Das war der Hirbel*, *Ben liebt Anna*,
Oma oder *Theo haut ab* heißen.

»Manchmal sagen Erwachsene zu Kindern: ›Ihr könnt gar nicht wissen,
was Liebe ist. Das weiß man erst, wenn man groß ist.‹ Aber dann haben
sie eine Menge vergessen.« *Peter Härtling*

www.beltz.de
Beltz & Gelberg, Postfach 10 01 54, 69441 Weinheim

Peter Härtling
Romane für Kinder
Alter John
Jakob hinter der blauen Tür
Krücke
Gebunden, 384 Seiten
ISBN 3 407 79864 6

Ein Grundthema seines Schreibens ist das Erinnern. In Romanen wie
Krücke will Peter Härtling Geschichte deutlich machen. Aber er erzählt
auch von heutigen Kindheiten, von Kindern, ihren Sorgen und ihren
Freundschaften mit Erwachsenen wie in *Alter John* oder *Jakob hinter der
blauen Tür*.

»Darum beharre ich auf einer Literatur, die Geschichte erzählt.
Kinder sollen erfahren, woher Menschen kommen, was sie erfahren
haben, wie sie miteinander leben können oder wie nicht. Ich möchte,
dass Kinder lesend Partei ergreifen für Personen, dass sie sich
identifizieren.« *Peter Härtling*

www.beltz.de
Beltz & Gelberg, Postfach 10 01 54, 69441 Weinheim

Peter Härtling
Romane für Kinder
Fränze
Mit Clara sind wir sechs
Lena auf dem Dach
Gebunden, 416 Seiten
ISBN 3 407 79865 2

Familie ist ein wichtiger Ort, in dem sich Kinderalltag abspielt, so auch in
Mit Clara sind wir sechs. Aber Peter Härtling erzählt in seinen
Familiengeschichten, die stets voller Hoffnung und Zuversicht sind, auch
von Kindern, die lernen, sich selber oder gar ihren Eltern zu helfen, wie in
Lena und *Fränze*.

»Ich schreibe ganz wissentlich für Kinder zwischen zehn und dreizehn
Jahren. Das ist für mich ein Altersraum, in dem sehr viel passiert, die
Neugier noch ungebrochen und das schöpferische Mitdenken noch
vorhanden ist.« *Peter Härtling*

www.beltz.de
Beltz & Gelberg, Postfach 10 01 54, 69441 Weinheim